CW00434584

Llyfrau Llafar Gwlad

Enwau Cymraeg ar Dai

Myrddin ap Dafydd

GWASG Carreg
Gwalch

Llyfrau Llafar Gwlad
Golygydd y gyfres:
John Owen Huws

Argraffiad cyntaf: Gorffennaf 1997

ⓗ *Myrddin ap Dafydd*

*Ni chaniateir defnyddio unrhyw ran/rannau
o'r llyfr hwn mewn unrhyw fodd
(ac eithrio i ddiben adolygu)
heb ganiatâd perchennog yr hawlfraint yn gyntaf.*

*Rhif Llyfr Safonol Rhyngwladol:
0-86381-454-9*

Clawr: Smala

*Argraffwyd a chyhoeddwyd gan Wasg Carreg Gwalch,
12 Iard yr Orsaf, Llanrwst, Dyffryn Conwy
☎ (01492) 642031*

Cynnwys

Rhif neu enw?

Un o'r problemau mwyaf sy'n wynebu carcharor, meddan nhw, yw gorfod hepgor ei enw ac arddel y rhif a orfodir arno gan y system sy'n ei gaethiwo. Mae'n colli ei hunaniaeth, colli ei gysylltiad â'i deulu, colli ei gymeriad fel unigolyn, yn mynd yn ddim ond rhif arall ym mol y cyfrifiadur.

Rydym ninnau i gyd, wrth ein bywyd bob dydd, yn gorfod troi fwyfwy at ddefnyddio'r rhifau sy'n ein cynrychioli, yn hytrach na'n henwau go iawn. Mae cyfeir-rif ar ben bob llythyr swyddogol a rhaid ei ddyfynnu os am gael ymateb gan gyngor, gan gorfforaeth neu gan gwmni go fawr. Mae gennym i gyd rifau yswiriant cenedlaethol neu rif codi pensiwn, rhif pasport, rhif trwydded yrru, rhif pleidleisio, rhif aelodaeth â chlwb neu gymdeithas, rhif car, rhif treth, rhif cyfrif banc a chant a mwy ohonynt – y cyfan er mwyn hwyluso'r drefn sy'n ein llywodraethu a'n gwasanaethu.

Mae gennym hefyd gôd post.

Bron iawn na all pob gohebiaeth ein cyrraedd heddiw heb ddim ond enw'r preswylydd a'r côd post. Nid oes angen enwau siroedd nac enwau trefi neu bentrefi; nid oes angen enwau strydoedd neu stadau o dai. Ond meddyliwch gymaint tlotach y buasai arnom heb enwau fel Ceredigion, Melin-y-coed, Rhandir-mwyn a Lôn Ysgubor Wen. Mae'n ymddangos, serch hynny, mai i hynny y daw hi – mae dinasoedd America wedi hen arfer rhifo yn hytrach nag enwi eu strydoedd nhw eisoes.

Ffordd arall o gael hyd i union leoliad ydi drwy gyfeir-rif grid ar fap. O safbwynt tŷ unigol, mae rhif y tŷ yn y teras neu yn y stryd neu ar y stad yn dynodi'n union pa ddrws y chwilir amdano. Mae'r cyfan mor gywir ac mor gysáct nes ei bod yn amhosibl methu. Mae bron iawn yn amhosibl i'r awdurdodau gamsillafu neu gamosod rhifau o'u cymharu ag enwau tai – yn arbennig os yw'r rheiny yn y Gymraeg. Mae rhestrau swyddogol y Swyddfa Bost yn llawn o wallau gan gynnwys pethau mor od â Tŷ Drew (Llanisien), Tŷ To Gwallt (Sain Nicolas), Tŷ Gwyrth (Rhaeadr Gwy) a Nuth y Drew (Llangybi)!

Does ryfedd felly fod llawer o breswylwyr yn ddigon bodlon ar gyfeirio at eu tai fel 'Rhif 145 Stryd . . .' neu 'Fflat 23A . . .' neu hyd yn oed 'Plot J'! O'r tua 1,200,000 o dai sydd yng Nghymru, canran isel sy'n arddel enw o gwbwl ac mae'r ganran sy'n arddel enwau Cymraeg yn llawer is. Pe cymherid cofrestrau etholwyr heddiw gyda rhai deng mlynedd ar hugain neu ddeugain mlynedd yn ôl, fe welid dirywiad sylweddol yn y defnydd o enwau Cymraeg ar dai. Bellach, mae llawer o hen enwau tai a thyddynnod wedi'u neilltuo i fynwentydd Cymru – nid ydynt yn bod ddim ond ar gerrig beddau.

Mae'n ymddangos ein bod yn barod i dderbyn rhif yr adeiladydd neu'r awdurdod lleol ar aelwyd a chartref. Neu'n waeth fyth efallai, derbyn neu roi enwau Saesneg ar ein tai. Ymysg yr holl sôn am gadwraeth a gwarchod a hawliau cynllunio sydd yna heddiw, does neb yn sôn am yr angen i warchod enwau tai Cymraeg. Roedd y diweddar Athro Bedwyr Lewis Jones yn colli'i limpin yn gyson wrth ei rhoi hi i awdurdodau'r parciau cenedlaethol a'r awdurdodau lleol am fethu gofalu bod rhaid cael caniatâd cynllunio i newid enw tŷ yr un fath yn union â bod rhaid cael caniatâd i newid cymeriad yr adeilad ei hun. Mae llawer o wirionedd yn hyn – yn arbennig o sylwi ar rai enwau Saesneg sydd ar hyd ac ar led ein gwlad.

Enwau Saesneg ar dai yng Nghymru

Ar wahân i fwngreliaid megis *Cornel Villa* (Llanybydder), *Carreg Avon Cottage* (Llangadog), *Fferm Farm* (Pontblyddyn) neu *Peris View* (Llanberis), sy'n enghreifftiau o wallgofrwydd ieithyddol, mae'n rhaid dweud bod enwau Saesneg pur ar dai yng Nghymru hefyd, yn swnio'n hollol annaturiol ar eu gorau, neu yn dröedig o drefedigaethol ar eu gwaethaf.

Mae hyd yn oed enwau gweddol dderbyniol ar fythynnod rhosynnaidd yn Sussex neu Ddyfnaint, megis *Mild May* (Llanelli) neu *April Cottage* (Rhydlewis) yn swnio'n ymhongar yma yng Nghymru – am mai enwau sy'n gweddu i wlad arall ydynt. Mae gan y mewnfudwyr eu math arbennig o enwau sy'n cyfleu eu breuddwydion wrth symud darn o Loegr i wreiddio yma yng Nghymru. Am y rheswm hwnnw yn unig, mae rhywbeth chwydlyd mewn enwau megis:

Blue Sails
Bramble Cottage
Breeze Hill
Curlews' Haunt
Done Roaming
Dorset Cottage (Alltyblaca)
Far Sands

Gay Winds
Good Neighbours
Inglenook
Little Foxes
Little Paradise
Red Roofs
Sleepy Hollow
The Brackens
The Cedars
The Nest
The Nook
The Retreat
The Smiths Live Here
Tidygardens
Wayside
White Walls
Windy Ways
Yours and Mine

Ond gwaeth na'r rheiny hyd yn oed yw'r enwau sy'n cyfleu agwedd y newydd-ddyfodiaid nad yw'r enwau gwreiddiol yn bodoli gan nad enwau Saesneg mohonynt. Adlewyrchir yr imperialaeth hon gan enwau megis *The Nameless Cwm* yn Nyffryn Ogwen, enw'r mewnfudwyr ar Gwm Cneifion a *No Name Cottage* (Llan-lwy, Penfro). Dull arall ganddynt o ddelio ag enwau Cymraeg yw cynnig cyfieithiad llythrennol yn Saesneg. Clefyd *Ye Olde Forge* yw hwn, megis *Bardsville* (Trebeirdd, Caergybi), neu *Bluestone View* (Mynachlog-ddu) a *Home* yn lle Cartref (Penmon a Phentrefoelas).

Aeth Ysgoldy Bach yn *Rose Cottage* yng Nghapel Garmon. Pe buasai'r perchennog newydd wedi penderfynu newid siâp un o'r ffenestri, buasai'n rhaid iddo gael caniatâd Parc Cenedlaethol Eryri, ond nid oedd yr un awdurdod yn fodlon ysgwyddo'r cyfrifoldeb dros warchod yr enw Cymraeg gwreidd-iol a oedd yn cyfleu cymaint o hanes a chymeriad yr adeilad.

Mae yna ochr ysgafnach i hyn, wrth gwrs. Daeth rhyw Mr Wolfe i fyw i Ben-y-groes a'r enw llafar ar ei gartref oedd Tŷ Blaidd. Daeth Sais arall i Benmachno yn y chwedegau a phrynu tŷ haf yno. Roedd yn awyddus i gadw ar yr ochr iawn i'r brodorion a gofynnodd i'w gymdog-ion am gymorth iddo ddewis enw Cymraeg safonol ar ei dŷ. Fe'i perswadiwyd i'w alw yn Plas Llyffant, heb gynnig cyfieithiad o'r ail elfen, a bu yntau'n arddel yr enw gyda balchder am flynyddoedd.

Mae'n wir y gall rhai enwau Cymraeg ar dai swnio'n orddelfrydol ac ystrydebol – ac mi ddown at enghreifftiau o'r rheiny yn ddiwedd-arach yn y gyfrol hon. Ond ar eu gorau, mae enwau Cymraeg yn syml ac yn tynnu lluniau yn y dychymyg. A pha ffordd well o enwi tŷ na'i alw yn *Tŷ* . . . rhywbeth neu'i gilydd.

Tŷ + enw person

Mae'n syniad eithaf da weithiau i alw rhaw yn rhaw a galw tŷ yn dŷ. Roedd y dull uniongyrchol hwn yn apelio at yr hen Gymry ac mae'r un arddull i'w weld yn helaeth yng Nghernyw, Llydaw ac Iwerddon. Mae'n dueedd gyfarwydd, mewn ardaloedd gwledig yn bennaf, i enwi pobl wrth enwau eu tai neu eu ffermdai. Gelwir pobl yn syml yn Foty neu Dolydd gan hepgor yr enw cyntaf weithiau, hyd yn oed. Yn Iwerddon ar y llaw arall, lle mae mwy o amrywiaeth o gyfenwau o bosibl, nid oes enwau ar lawer o'r ffermydd dim ond cyfenwau'r teuluoedd sy'n eu hamaethu: Kennedy's, O'Sullivan's ac yn y blaen.

Mae tai yng Nghymru hefyd yn cael eu henwi'n syml yn ôl enwau personau:

Carwyn (Abergele)
Caswallon (Llaneilian)
Cynan (Brithdir)
Deiniol (Amlwch)
Geraint (Abergele)
Gwyndaf (Penmon)
Jon Wyn Ken (Mynyddmechell)
Llinos (Penmon)
Marion (Abergele)
Siôn Mari (Caerllion)

Arferiad eithaf cyffredin hefyd yw cyfuno enwau'r pâr sy'n byw yn y tŷ:
e.e. Dilys ac Arwyn = Dilwyn
    Glyn a Wendy = Glynwen

neu gyfuno enwau lleoedd sy'n cynrychioli ardaloedd mebyd y pâr, megis cyfuno Caer a Phen Llŷn i greu'r enw, Caerenlli.

Mae ychwanegu -fa yn dynodi lle sy'n perthyn i enw yn y Gymraeg, megis meddyg + fa = meddygfa; fferyllydd + fa = fferyllfa, ond rhaid dweud mai chwithig braidd yw clywed:

Helenfa (Llandyrnog)
Hywelfa (Brychtyn)

Yr un egwyddor, serch hynny, sydd y tu ôl i'r dull symlaf o enwi tai yn y Gymraeg, sef Tŷ + enw person:

Tŷ Beca (Saron, Llandysul)
Tŷ Beth (Dinas, Abergwaun)
Tŷ Catwg (Gelli-gaer)
Tŷ Dewi (Penmon)
Tŷ Flo (Llangynydd)
Tŷ Mari (Llandysul)
Tŷ Mog (Trefdraeth)
Tŷ Nel (Treharris)
Tŷ Olive (Cefneithin)
Tŷ Richard Rees (Trimsaran)
Tŷ Siani (Tyddewi)

Mae nifer o enwau eraill yn golygu'r un ystyr yn fras â thŷ, megis Bod, Llys, Neuadd, Plas, Llety, Bwthyn, Tyddyn, Ty'n (naill ai'n gywasgiad o Tyddyn neu Tŷ yn), Tre, Hendre, Hafod a'r lluosog Tai. Mae'r un egwyddor o gydio enw person wrth bob un o'r ffurfiau hyn i'w gweld ledled Cymru hefyd.

Mae rhai enghreifftiau yn gyfarwydd a chyffredin megis Llys Caradog, Llys Aled, Llys Ifor, Bod Iorwerth, Bod Iwan a dyma ddetholiad o amrywiadau eraill:

Bryn Gronw (Rhuallt)
Bwthyn Betsi (Trefdraeth)
Bwthyn Blodwen (Harlech)
Bwthyn Peros (Sychdyn)
Cae Fabli (Capel Coch)
Cae Lati (Llannerch-y-medd)
Cae Llywarch Bach (Llandwrog)
Cae Siwsan (Pen-y-bont ar Ogwr)
Celyn Mali (Cilcain)
Cerrig Efa (Rhoscolyn)
Gelli Gynaw (Llanarmon-yn-Iâl)

8

Gwern Hwlcyn (Bodfari)
Hafod Ruffydd (Pentrefoelas)
Hendre Brys (Pentrefoelas)
Hendre Einon (Abermeurig)
Hendre Ifan Goch (Pen-y-bont
   ar Ogwr)
Hendrewilym (Llwyn-drain)
Llety Cybi (Llangybi, Ceredigion)
Llety Ifan Ddu (Llanymddyfri)
Llety Nest (Brithdir)
Llety Rhys (Brithdir)
Llety Siac (Cwm-nedd)
Llety Siencyn (Aberdâr)
Llwyn Gwian Bach (Dyffryn
   Ardudwy)
Llwyn Mali (Llangwm)
Maes Heulyn (Trefnant)
Plas Gruffudd ap Ifan (Chwilog)
Plas Lelo (Corwen)
Plas Lleucu (Nantyr)
Plas Llywelyn (Dolwen)
Shambar Llywarch (Llansilin)

Treiago (Tyddewi)
Treiorwerth (Uzmaston)
Tresiencyn (Mathri)
Tresiôr (Abergwaun)
Twyn Sion Ifan (Hengoed)
Tyddyn Adda (Llanddaniel)
Tyddyn Deicws (Gwytherin)
Tyddyn Fatw (Melin-y-wig)
Tyddyn Hic (Pentreberw)
Tyddyn Iolyn (Capel Garmon)
Tyddyn Leci (Llanfwrog)
Tyddyn Mihangel (Llanferres)
Tyddyn Miriam (Pentraeth)
Tyddyn Socyn (Harlech)
Tyddyn Syr Huw (Waunfawr)

Tŷ

Mae Tŷ Pella, Tŷ Ucha, Tŷ Isa, Tŷ
Newydd, Tŷ Hir, Tŷ Canol a Tŷ
Cornel i gyd yn gyffredin hefyd.
Ychydig yn fwy anarferol ydi Tŷ

Nesa (ym Mhentraeth ac ar Ynys Enlli), ond eto mae yr un mor glir wrth fynegi safle. Dyma rai eraill trawiadol neu anarferol:

Tŷ Arall (Llansannan)
Tŷ Baner (Cemais)
Tŷ Calch (Paradwys)
Tŷ Capel y Beirdd (Rhos-lan)
Tŷ Ceffyl Môr (Y Felinheli)
Tŷ Dwylo (Llanfair-yng-Nghornwy)
Tŷ Senedd (Llaneurgain)
Tŷ Tarian (Cwmplysgog, Cilgerran)

Lluosog tŷ yw tai, ond gall olygu 'teras' neu 'dai allan' yn ogystal. Mae Tai'n-y-maes yn eithaf cyffredin a dyma enghreifftiau ychwanegol:

Tai (Llangernyw a Mynydd
  Mechell)
Tai Bach (Maenan)
Tai Croesion (Penisa'r-waun)
Tai Newyddion (Capel Garmon)

Lle

Mae'r gair 'plas' yn y Gymraeg yn tarddu o'r Saesneg *place* a dyna'n syml yw tŷ – lle i fod ynddo. Mae'r elfen 'lle' yn digwydd yn naturiol a di-lol yn y Gymraeg ac mae'n braf gweld y dull uniongyrchol hwn yn cael ei arddel. Haws dweud 'lle doctor' na 'meddygfa' ac mae 'lle parcio' a 'lle bysys' yn llithro'n rhwyddach oddi ar y tafod na 'arhosfan' neu 'disgwylfan'. Mae'n dda dod ar draws enw tŷ tebyg i:

Lle Harriet (Bancycapel)

Am ryw reswm, mae Lle Hyfryd, Lle'r Cartref, a Lle Annedd yn swnio'n fwy cydnaws â theithi'r

iaith na Hyfrydle, Cartrefle ac Anheddle, er mor gyffredin ydi'r enwau hynny. Dyma ychydig enghreifftiau eraill ar y patrwm hwn sy'n fy swyno:

Lle Bach (Cwmfelin-boeth)
Lle Da (Pant-y-mwyn)
Lle Gwyn (Pontllyfni)
Lle Hyfryd (Llanelli)
Lle Ni (Nebo, Llan-non)
Lle Tawel (Llanelli)
Lle Teca (Dolgellau)
Lle Teg (Beulah)

Gall rhywun ddychmygu'r balchder sydd ynghlwm wrth yr enw Tŷ Cyntaf (Ffair-fach) ac mae'r antur yn parhau yn Ail Gynnig (Gwalchmai), Ail Le (Llanllwni), Ail Gartref (Solfach) ac Yr Ail Dŷ (Aber-porth). Rhywle ar y daith rydan ni yn Lle Canol (Glyncorrwg) a Trydydd Tŷ (Nannerch) ond mae pethau wedi dod i'r pen erbyn cyrraedd Tŷ Olaf (Aberdâr), Yn y Diwedd (Abertawe), a phwy ŵyr beth yw ystyr cudd Tŷ Yfory (Llanbedr Pont Steffan)?

Man

Yn yr un modd, mae enwau tai sy'n cyfuno'r elfen *-fan* neu *-fa* yn gyffredin. Ceir llu o enghreifftiau o Arosfa, Trifga, Gorffwysfa, Preswylfa, Noddfa, Bodlonfa, Tegfan, Anwylfa, Tawelfan, Clydfan, Dedwyddfa, Gwynfa, Heddfa, Diddosfa a Hudolfan.

Efallai bod gwahanu'r ddwy elfen yn swnio'n well erbyn heddiw – hyd yn oed o roi'r ansoddair yn gyntaf a

chreu enw fel Siriol Fan (Penmaen-
mawr). Eto, mor syml a glân yw'r
enwau hyn:

Man Aros (Penrhyndeudraeth)
Man Hyfryd (Cerrigydrudion)
Man Siriol (Dolgellau)

Eiddo

Darn o dir neu bedair wal a tho yw'r
eiddo a dyna a ddynodir yn hollol
syml yn yr enwau Tyddyn ac Y
Bwthyn yn Llangadog. Mae acer,
bod, bwthyn, cae, clwt, erw, llain,
llety, maes, parc, tyddyn a ty'n i gyd
yn amrywiadau ar hyn:

Bach y Gwreiddyn (Coelbren,
    Cwm-nedd)
Bach-y-rhiw (Rhydlewis)
Bod Gwynant (Abergele)
Bwthyn Brysgyll (Ffestiniog)
Bwthyn yr Ardd (Abergele)
Cae Awr (Capel Curig)
Cae Cwpan (Bwlch-y-ffridd,
    Y Drenewydd)
Cae Erw (Llangristiolus)
Cae Gwth (Bow Street)

Caetrigongl (Rhoscolyn)
Clwt Grugor (Bylchau)
Cornel Bach (Clarbeston Rd)
Cronglwyd (Brynsiencyn)
Cryn Gae (Deiniolen)
Cwtsh Bach (Caerfyrddin)
Cyplau (Abergeirw)
Dryll Melyn (Llanddoged)
Dryll y Car (Abermo)
Erw Grug (Maenclochog)
Erw Lechi (Groesffordd)
Llain (Mathri)
Llain Banal (Mynachlog-ddu)
Llain Delyn (Amlwch)
Llain Furum (Pemon)
Llain-y-delyn (Pen-rhos)
Llaingynffon (Bodffordd)
Llecyn (Llaneilian)
Lletroed Newydd (Pen-y-sarn)
Llety'r Eos (Llanfair Talhaearn)
Lluest (Pontarfynach)
Maes Meillion (Betws-yn-Rhos)
Maes Onnen (Llandyrnog)
Maes-y-clawdd (Y Bont-ddu)
Murcwpwl (Cilan)
Muriau (Betws-y-coed)
Pantydulath (Rhuallt)

Parc ŷd (Crymych)
Parc-y-dŵr (Eglwyswrw)
Parc-y-moch (Bethesda)
Parlwr (Llanfachreth)
Rhald (Pen-y-sarn)
Rhyddid (Tegfryn - gall olygu
  'tir rhydd')
Sling (Biwmares)
Tai Candryll (Tafarnyfedw)
Traean (Hiraethog - mesur o dir
  y fferm wreiddiol)
Trawst (Llanegryn)
Truan Bach (Cerrigceinwen)
Ty'n Llawes (Llanrhyddlad)
Ty'n-y-caeau (Tafarnyfedw)
Ty'n-y-clwt (Bethel)
Tyddyn Caseg (Bethesda)
Tyddyn Priciau (Cilan)
Tyddyn Pwrpas (Niwbwrch)
Tyddyn yr Un (Trawsfynydd)
Ystafell (Aber-nant)

Cartref

Mae'r enw Cartref gyda'r mwyaf cyffredin a phoblogaidd drwy Gymru benbaladr. 'Chwiliwch y byd, drwyddo i gyd' – does unman yn debyg iddo ac mae'r ddelfryd honno yn codi'r eiddo yn uwch na dim ond cilcyn o ddaear a cherrig a morter. Y mae Aelwyd, Cilfach, Lloches, Encil, Hafan, Bodlondeb a Heddwch yn mynegi'r un syniad a dyma ddetholiad o enwau sy'n cyfleu rhywfaint o'r freuddwyd sydd ynghlwm wrth gael lle a chychwyn byw:

Adre (Ty'n-y-gongl)
Berllan Dawel (Hendy-gwyn ar Daf)
Bodifyr (Bangor)

Bwthyn Clyd (Bancycapel)
Bwthyn Diddos (Harlech)
Bwthyn Ni (Llannefydd)
Bwthyn Twt (Marian-glas)
Caban Aur (Llanbedr-goch)
Cartref Hapus (Blaenannerch)
Cartref Melys (Bwcle)
Cartref Ni (Glannau Dyfrdwy)
Cartref Tirion (Tywyn)
Cartrefol (Tyddyn Gwyn)
Ceinfro (Y Bont-ddu)
Croesawdy (Aber-soch)
Croeso Cynnes (Helygain)
Cynefin (Deiniolen)
Cyrchfan (Aber-erch)
Cysgodfa (Dinbych)
Cysur Bach (Caergybi)
Delfryd (Tal-y-sarn)
Dyma Ni (Trefdraeth)
Ein Cartref (Y Barri)
Ein Tŷ (Y Fflint)
Ein Ymdrech (Pont-y-pŵl)
Faenol Bropor (Bodelwyddan)
Glwysfa (Aber-erch)
Gongl Glyd (Llanddaniel)
Hafod Aur (Dolwyddelan)
Hafod Hudol (Porthaethwy)
Hafod Lon (Dolgellau)
Hafod-y-gân (Dyffryn Clwyd)
Llety Bach (Llanfair Talhaearn)
Llety Cariad (Gwernogle)
Llety Clyd (Blaen-plwyf)
Llety Gwyn (Llangwyryfon)
Llety Teg (Pencader)
Llety Tegan (Rhydargaeau)
Meini Diddos (Prion)
Melys Dref (Llanynys)
Mwythus (Rhoscolyn)
Newidfa (Bryngwran)
Nodded (Rhosneigr)
Nyth Bach (Glannau Dyfrdwy)

Nythfa (Biwmares)
Pant Dedwydd (Cerrigydrudion)
Pentre Llawen (Maerdy)
Plas Tirion (Llanrwst)
Rhinweddfa (Penmaen-mawr)
Seintwar (Llanddona)
Tai Teg (Y Groes)
Tegwch (Mynytho)
Traian (Henllan)
Trigfa Glyd (Llandudno)
Tŷ Aur (Llanelen)
Tŷ Balch (Yr Wyddgrug)
Tŷ Clyd (Abermo)
Tŷ Croeso (Crucywel)
Tŷ Cynnes (Carrog)
Tŷ Del (Llanfihangel-ar-arth)
Tŷ Lluest Wen (Tylorstown)
Tŷ Melys (Llanilltud Fawr)
Tŷ Ni (Gors-las)
Tŷ Siriol (Mynyddislwyn)
Tŷ Twt (Tal-y-bont)
Tyddyn Diddos (Llanllechid)
Tyddyn Difyr (Bethel)
Tyddyn Gofal (Talwrn)
Tyddyn Melys (Henryd)
Tyddyn Tecaf (Bagillt)
Tyddyn Teg (Minffordd)
Y Del (Castellnewydd Emlyn)
Y Gorlan (Bontnewydd)

Ymdrech (Cross Hands)

ac wrth gwrs:

Tŷ Bach Twt (Pontyberem)

Diwedd y daith

Yn wahanol iawn i'r enwau Llafur (Rhoscolyn) a Tyddyn Gyrfa (Cemais) mae'r enw Dychwelfa (Dolgellau) yn awgrymu bod rhywun yn dod yn ôl i fro ei febyd, yn ymddeol efallai ac mae'r elfen honno o chwilio am rywfaint o heddwch a llonyddwch ar ddiwedd gyrfa yn amlwg mewn enwau ar dai:

Am Byth (Hwlffordd)
Bro Mebyd (Y Bont-faen)
Cornel Dawel (Brynsiencyn)
Cwblhau (Aber-porth)
Dihangfa (Rhydargaeau)
Diwedd Lôn (Cwmbrân)
Diwedd y Daith (Llanaelhaearn)
Doe Deg (Dinbych)
Erw Aros (Llansanffraid)
Hafan Dawel (Ceinewydd)
Hamdden (Cynwyl Elfed)
Hedd yr Ynys (Llangefni)
Hedd Dŷ (Llanrug)
Hedd (Treffynnon)

13

Heddle (Tanygrisiau)
Hen Gynefin (Yr Wyddgrug)
Hir Aros (Burry Port)
Hiraeth (Aberhonddu)
Llonyddwch (Llan-non)
Llwybrau Mebyd (Llanarthne)
Noswyl (Cynwyd)
Pantygorffwys (Arberth)
Pantyrheddwch (Llwyn-drain)
Pen-y-daith (Y Bont-faen)
Seibiant (Caernarfon)
Tŷ Heddwch (Llandudno)
Tŷ Segur (Llanwrthwl)
Y Dychwel (Pen-tyrch)
Ymdrech Deg (Mynyddygarreg)

Nefoedd fach

Ar ddiwedd y daith fel arfer y daw'r gobaith am rywle gwell a gwychach na'r hyn a gafwyd yn ein byw bob dydd, ond mae rhywrai ym mhobman yn chwilio am nefoedd ar y ddaear. Dyna pam mae Paradwys yn enw mor gyffredin ar gartrefi, ac amrywiadau arno megis:

Bwthyn Paradwys (Rhosneigr)
Paradwys Bach (Rhostrehwfa)

Mae rhai o'r enwau hyn megis Afallon a Tir-na-nOg yn ymestyniad o'r dyhead i setlo a chreu aelwyd, ac o'r rhyddhad o fedru gwneud hynny, fel sy'n amlwg iawn yn yr enw O'r Diwedd (sy'n eithaf cyffredin) a Mewn Amser (Solfach). Mae'r elfen 'gwyn' yn awgrymu rhyw wynfa – Tyddyn Gwynfa (Bae Cinmel), Wynfa (Llangaffo), Gwynfyd (Llandysul) ac mae cyfuniadau megis y rhain yn gyffredin:

Bwthyn Gwyn
Erw Wen
Fron-wen
Gwynfaes
Gwynfe
Gwynfryn
Gwynllys
Lluest Wen
Llwyn Gwyn
Traeth Gwyn
Tŷ Gwyn
Tyddyn Gwyn
Tyle Gwyn

Dyma gasgliad helaethach o enwau sy'n awgrymu bod y preswylwyr

14

wedi cyrraedd y 'man gwyn, man draw'. Mae delfrydu yn cyrraedd cwmwl uchel o freuddwydio yn rhai ohonynt. Cewch chi benderfynu ble i dynnu llinell!

Allwedd Wen (Llanelltyd)
Amynedd (Llwyngwril)
Awel Hedd (Llansannan)
Bendith (Y Friog)
Berllan Bêr (Llanllwni)
Blodfa (Pontyberem)
Bwthyn Hedd (Y Trallwng)
Cariad (Hwlffordd)
Croesaw (Llangoed)
Cwmyrhinwedd (Bylchau)
Delfryd (Rhydlewis)
Delfrydol (Pen-y-bont ar Ogwr)
Dinam (Corwen)
Dolydd Hud (Gors-goch)
Drwsgobaith (Tyddewi)
Ein Breuddwyd (Pen-y-bont-fawr)
Ein Hoff Le (Llanfaelog)
Ein Cartref Hyfryd (Comins Coch)
Enfys Aur (Meidrim)
Filltir Aur (Aberteifi)
Gobeithfa (Y Trallwng)
Gwahoddiad (Abergwaun)

Hafod Aur (Rhydlewis)
Hawddamor (Castellnewydd Emlyn)
Hyfryd Ddewis (Sychdyn)
Llawen-Fan (Penrhyn-coch)
Llawendy (Y Barri)
Llawenydd (Penfro)
Llety Hawddgar (Caerdydd)
Melodi (Dre-fach, Llanybydder)
Môr o Gariad (Ceinewydd)
Mwynfan (Abergwaun)
Tangnefedd (Dinas, Abergwaun)
Tegwch (Mynytho)
Telynfan (Y Bala)
Tradiddan (Ynys-las)
Trefnus (Llanddona)
Troed yr Enfys (Cas-lai)
Trysor (Saron)
Tŷ Llwydd (Llangadog)
Tŷ Harmoni (Pen-cae, Abergwaun)
Tŷ'r Angel (Ceinewydd)
Y Dymuniad (Dre-fach, Felindre)
Y Freuddwyd (Llanfynydd)

Twlc mochyn

Mi wyddom i gyd am rai sy'n byw mewn cwt mochyn. Does ryfedd, felly, fod enwau fel hyn i'w gweld:

15

Gwâl yr Hwch (Pontarddulais)
Mur Moch (Cwm-y-glo)
Pen-hwch (Y Pwll, Llanelli)
Twlc (Llangernyw)
Tyddyn Twlc (Cilan)

Rywsut, yn hytrach na chlodfori tŷ i uchelfannau'r gwynfyd perffaith, mae'n haws dygymod ag enw tebyg i *Problems* (Tymbl Uchaf). Mae hynny'n cyfleu profiad llawer ohonom wrth geisio addasu neu adfer tŷ ar gyfer ei droi'n gartref. Mae'r tinc traed-ar-y-ddaear sy'n yr enwau hyn hefyd yn swnio'n gyfarwydd:

Ar y Gwaith (Abermo)
Dal Ati (Aberhonddu)
Dal Arian (Llanbryn-mair)
Llawer o Waith (Garndiffaith)
Llys y Cardotyn (Cilcain)
Tŷ Tyllog (Y Drenewydd)
Tŷ Araf (Y Bont-faen)
Tyddyn Tlodion (Bryn-teg)

Diflewyn-ar-dafod hefyd yw'r enw Salach (Llanllwni) a dyma gasgliad o enwau tai sy'n swnio'n dipyn o hunllef i'r trigolion:

Aberymryson (Betws-yn-Rhos)
Bodgiprys (Y Bontnewydd)
Bryndioddef (Castellnewydd Emlyn)
Cae Gwyllt (Cydweli)
Cilgofid (Aberafan)
Cutiau (Rhyd-y-main)
Cwm Ffernol (Pennal)
Cwm Llwm (Uwchaled)
Ffynnongynnen (Cross Inn,
   Llandysul)
Hendregynnen (Creunant)
Jerico (Narberth)

Llabwst (Rhoslefain)
Llofft Stabl (Llanelltyd)
Llwynwermod (Ceinewydd)
Llys y Llyffant (Abergele)
Lôn Fudur (Dinas, Pen Llŷn)
Mur Cwymp (Llanbedrog)
Nyth Cawn (Llangaffo)
Ogof (Dre-fach, Felindre)
Parcymryson (Rhydlewis)
Pontloerig (Hendy-gwyn ar Daf)
Pwllfagddu (Llanwrda)
Sodom (Pontyberem)
Tre Ffyliaid (Cynghordy)
Tredomen (Defynnog)
Trellyffant (Nanhyfer)
Twll (Ceri)
Tŷ Brych (Llanddeusant)
Tŷ Cam (Pontantwn)
Tŷ Draenog (Puncheston)
Tŷ Garw (Hwlffordd)
Tŷ Hyll (Capel Curig)
Tŷ Llosg (Rosebush)
Tŷ Tarw (Hwlffordd)
Tŷ'r Mwg (Pontantwn)
Yr Arch (Myddfai)
Yr Hofel (Llantrisant)
Y Beudy (Bwlch-y-groes)
Y Cwt (Clynnog Fawr)

ac wrth gwrs, mae ambell un yn byw mewn:

Tŷ Bach (Dinas, Abergwaun)

Ar ôl hynny i gyd, mae'n dipyn o ryddhad dod ar draws tai o'r enw Cyffredin (Cydweli) a Tŷ Cyffredin (Boncath).

Ogof gwrachod

O sylwi ar enwau tai, gallai rhywun dybio bod y gelfyddyd ddu wedi bod

yn rhemp yng Nghymru mewn rhyw oes. Mae cartrefi dewiniaid, gwrachod a lladron yn britho'n bröydd!

Bedd y Wrach (Llantrisant)
Boderwyddon (Carmel)
Bryn Dewin (Chwilog)
Bryn Gwyddon (Llannerch-y-mèdd)
Craig Derwyddon (Llanymddyfri)
Doladron (Pontrobert)
Llam y Lleidr (Harlech)
Maes y Wrach (Bodedern)
Nant y Wyddan (Cricieth)
Parc-y-Wrach (Crymych)
Porth y Widdan (Llangatwg
    Lingoed)
Tirwyddan (Cricieth)
Trell y Wrach (Llanfwrog)
Tŷ'r Dewin (Bwlchderwin)
Tyddyn Dewin (Gellilydan)
Wrach Ddu (Llanedwen)

Rhywun o ffwrdd

Nid yw mewnlifiad yn ddim byd newydd yng Nghymru ac mae hynny'n cael ei adlewyrchu yn yr enwau ar dai annedd. Weithiau rhywun 'nad yw o'r plwy hwn' ydi'r dieithryn. Dyna'r tinc sydd yn yr enw Maes Gwŷr Llŷn (Llanfrothen) ond fel arfer caiff yr estronwr ei adnabod wrth ei hil yn unig – Gwyddel neu Sais gan amlaf. Nid oes enw arno gan awgrymu nad oes unrhyw berthynas rhyngddo a'r gymdeithas gynhenid. Efallai bod tinc arfau hen ryfeloedd a hen gladdedigethau o dan rai o'r enwau hyn yn ogystal.

Bach y Gwyddel (Llandysul)
Bryn Sipsi (Cwmduad)
Bryngwyddel (Llanfyrnach)
Cefn Saeson Fach (Cwm-nedd)
Cnwc Saeson (Pen-parc)
Cwm Sais (Llandrindod)
Cwmsaeson (Eglwyswrw)
Felingwyddil (Llandysul)
Gwyddel (Uwchmynydd)
Gwyddelfynydd (Bryn-crug)
Hendre Wyddyl (Glyn-nedd)
Iet Sais (Eglwyswrw)
Llidiart y Sais (Llanelidan)
Maesygwyddel (Crundale)
Nant y Gwyddel (Llanddewi Nant
    Hodni)
Pant y Sais (Cwm-nedd)

Penralltsaeson (Eglwyswrw)
Pentre Gwyddel (Y Fenni)
Plas Rhiw Saeson (Llanbryn-mair)
Plas y Gwyddel (Cydweli)
Pontsaeson (Eglwyswrw)
Rhydsais (Talgarreg)
Tresaeson (Llanddewi Rydderch)
Twll y Gwyddel (Craig-cefn-parc)
Tŷ Sais (Caerffili)
Tyalbanwr (Blaenpennal)
Tyddyn Sais (Trawsfynydd)
Tyddyn y Sais (Bwlchycibau)
Werngwyddel (Felindre, Crymych)

Ond ceir enwau sy'n nodi nad yw pob Cymro wedi cilio o'r tir hefyd. Mae'n ddiddorol sylwi bod Gwalia yn enw poblogaidd ar dai yn ne Sir Benfro. Dyma rai eraill:

Cae Cymru (Gwernymynydd)
Llety'r Cymro (Llannarth)
Trebrython (Dwrbach, Abergwaun)

Y teulu agosaf

Mae llawer o enwau tai yn awgrymu eu bod wedi'u rhoi neu wedi'u hetifeddu gan aelodau penodol o deuluoedd.

Daw elfen o berthyn i'r enw

oherwydd hynny:

Blaen Nant y Mab (Dryslwyn)
Bodnithoedd (Botwnnog)
Bryn Meibion (Clawddnewydd)
Bryngweision (Synod Inn)
Brynyplentyn (Croesoswallt)
Bwlch Teulu (Ystrad Meurig)
Cae ap Edward (Llanarmon-yn-Iâl)
Cae Gweision (Croesoswallt)
Cae Hogyn (Llanfihangel Brynpabuan)
Cae Mab Ifor (Llangynwyd)
Cae'r Famaeth (Llanbedr Dyffryn Clwyd)
Cae'r Ferch (Pencaenewydd)
Cil Teulu (Cas-lai)
Croesyforwyn (Eglwyswrw)
Gardd Nain (Rhosneigr)
Llety Meibion (Aberriw)
Llwyn Merch Gwilym (Bronnant)
Llwyn Merched (Aberysgir)
Llys Hen Lanciau (Llangynwyd)
Maes y Meibion (Maenordeilo)
Murforwyn (Bwlchderwin)
Pantmorwynion (Llandysul)
Pentre Gwehelyth (Bodedern)
Plas y Meibion (Mynachlog-ddu)
Pontbren y Teulu (Gwynfe)

Teulu (Marchwiail)
Tir Mab Ellis (Pontypridd)
Tŷ Fy Nain (Llanferres)
Tŷ Plant (Rhosneigr)
Tŷ Tad (Dinas, Abergwaun)
Tŷ Taid (Dinas, Abergwaun)
Tŷ'r Teulu (Dinas, Abergwaun)
Tyddyn ap Ifan (Penmaen-mawr)
Tyddyn y famaeth
   (Garndolbenmaen)
Tyddyn y Merched (Cwm Cynfal)
Ynys y plant (Y Drenewydd)

Gwaith a gwely

Mae Tŷ Mari Crydd (Eglwyswrw) yn enghraifft dda o enwi tai yn ôl enwau llafar gwlad. Yn aml iawn, mae galwedigaeth yn troi'n lasenw neu'n gyfenw yng Nghymru a cheir llawer o dai sy'n enwi'r grefft neu'r gwaith oedd yn gysylltiedig â'r lle neu'r bobl fu'n byw yno ar un adeg. Mae Llys Cerdd neu Llys Alaw yn gartref i gerddor ac yn leoliad gwersi piano'r plwyf fel rheol, tra bo Llys Awen yn dŷ i fardd y fro a Llys Myfyr yn aml yn gartref i'r gweinidog. Enw cyffredin arall ar y Mans mewn sawl ardal yw Pros Kairon neu Pros Ceirion (o'r Roeg: 'dros dro') ac yn wir, mae tŷ o'r enw Tros Dro yn Amlwch. Mae Epworth yn enw cyffredin ar dai gweinidogion Wesla, gan gyfeirio at grud Wesleaeth. Dyma ragor o enwau tai sy'n gysylltiedig â chrefft neu alwedigaeth:

Bedd y Coediwr (Abergeirw)
Blaen Bach y Crydd (Coed-y-bryn)
Blawdty (Rhiw)
Bragty (Caerfyrddin)
Bron Turnor (Penrhyndeudraeth)
Bryn Crogwr (Y Bont-faen)
Bryn Popty (Glan Conwy)
Bryn Saer (Helygain)
Bryn y Glo (Coed-poeth)
Bwth Corwgl (Bae Trearddur)
Bwthyn y Teiliwr (Bryn-teg)
Bwthyn yr Aradr (Llanelwy)
Cae Cwnstabl (Y Groeslon)
Cae Eurych (Llangristiolus)
Cerrig y Rhwydwr (Pren-teg)
Cileurych (Carrog)
Corrwg (Llanbedr-goch)
Dryll y Taniwr (Penmaen-mawr)
Erw Clochydd (Penmachno)
Erw'r Pobydd (Tregynon)
Ffordd Coedwyr (Llwyn-y-gog)
Ffos y Crydd (Elái)
Ffynnon Saer (Tre-groes)
Garnhebogydd (Gwbert)
Gilfach yr Halen (Aberaeron)
Glancorrwg (Llanpumsaint)
Glo Caled (Burry Port)
Glyn y Glöwr (Llangeinor)
Gored y Gut (Bangor)
Gwindy (Garndolbenmaen)
Hafan yr Heliwr (Ty'n-y-gongl)
Hendre Clochydd (Llanaber)
Hendy Mwynwr (Helygain)
Llain Meddygon (Caeathro)
Llety'r Hwsmon (Dolgellau)
Lletypanwr (Pen-uwch)
Llofft y Bugail (Llanfachreth)
Llofft y Storws (Cemais)
Llwyn Codwr (Resolfen)
Llys Addysg (Trawsfynydd)
Llys Meddyg (Llanrwst)
Mwynfa (Wrecsam)
Nant Saer (Nantgaredig)

Nantycwnstabl (Ffostrasol)
Nantyrhogfaen (Llanwnda)
Odyn Copr (Deiniolen)
Pant y Clerc (Rhydaman)
Pant y Seiri (Rhydargaeau)
Pant yr Athro (Llan-gain)
Pantsherriff (Tregaron)
Pantyporthman (Caerfyrddin)
Parc y Clochydd (Llanwenog)
Plas Captain (Dinbych)
Pont y Mwynwr (Yr Wyddgrug)
Posty Bach (Clunderwen)
Pwllswyddog (Tregaron)
Rhos y Calch (Bae Trearddur)
Saer Coed (Llanandras)
Saer-dy (Morfa Nefyn)
Siop Crydd (Dyffryn Ardudwy)
Tai Teilwriaid (Tregarth)
Talwrncoch (Trefenter)
Talwrnhogfaen (Trefenter)
Tanws (Rhydyfelin)
Tir Morgan Teiliwr (Cwm-twrch)
Trefathro (Gellifor)
Trerhingyll (Llannarth)
Tŷ Brethyn (Llangollen)
Tŷ Cipar (Ysbyty Ifan)
Tŷ Coedwr (Y Fenni)
Tŷ Cored (Crucywel)

Tŷ Crochenwr (Gwbert)
Tŷ Cwch (Llanycil)
Tŷ Golchi (Bangor)
Tŷ Hela (Trefaldwyn)
Tŷ Llongwr Isallt (Edern)
Tŷ Popty (Y Groeslon)
Tŷ Saer Coed a Tŷ Saer Maen
  (Llanofer)
Tŷ Sâr (Bwlch-y-groes)
Tŷ Sherriff (Llangynidr)
Tyddyn Captain (Pencarnisiog)
Tyddyn Crythor (Amlwch)
Tyddyn Cwper (Gellilydan)
Tyddyn Gwner (Y Gurn Goch)
Tyddyn Meistr (Penmachno)
Tyddyn Pandy (Abermo)
Tyddyn Plwm (Niwbwrch)
Tyddyn Sadler (Cerrigceinwen)
Tyddyn Slaters (Pont-rug)
Tyddyn y Ffeltiwr (Y Ffôr)
Tyddyn y Cook (Llanfwrog)
Tyrpeg Gelli (Nantlle)
Tyrpeg Mynydd (Pentrefoelas)
Waun Llongau (Llan-gain)
Y Gored (Nanmor)
Y Llyfrdy (Llanfair Talhaearn)
Yr Odyn (Pen-tyrch)
Ysgoldy Goch (Maenordeilo)

Yr efail

Mae Hen Efail yn enw amlwg ar hen weithdy'r gof ac yn aml dyna'r enw ar lafar gwlad cyn iddo gael ei ddefnyddio fel enw swyddogol. Ond mae amrywiadau difyr i'w gweld ledled Cymru ar hen dai'r gofaint a thai sy'n sefyll o fewn eu cyrraedd:

Bedol (Bagillt)
Bryn Engan (Capel Curig)
Bryn Gyfeiliau (Capel Curig)
Cae'r Engan (Tal-y-bont)
Cae'r Gof (Rhiwlas)
Dinas Bach y Gof (Rhandir-mwyn)
Efail Gwydryn (Brynsiencyn)
Efail Newydd (Ysbyty Ifan)
Efail Rhos (Llanfaglan)
Efail Wen (Prion)
Efail y Cim (Pontllyfni)
Efail y Gro (Prion)
Efail-wag (Llanrhaeadr)
Efail-y-bont (Cynwyd)
Efailmeysydd (Llandrillo)
Engan Gam (Mynytho)
Erw Refail (Llangwm)
Gof Du (Penrhos Feilw – mae
    Gofdy i'w gael hefyd)
Gwern Gof (Nantybenglog)
Hafod y gofaint (Ystrad Meurig)
Hofel Gof (Pentrefoelas)
Llety'r Gof (Llanybydder)
Maes y Bedol (Llangyndeyrn)
Mynydd-y-gof (Bodedern)
Nant yr Efail (Betws-yn-Rhos)
Pantyrhaearn (Glan Conwy)
Pig yr Engan (Ty'n-y-gongl)
Pont-y-gof (Botwnnog)
Refail Hir (Llaneilian)
Rhydyrhaearn (Talgarreg)
Sŵn yr Engan (Bryn'refail)

Tinc-yr-efail (Llangwm)
Tir y Gof (Bryneglwys)
Tre Gof (Llanddona)
Tŷ Gof (Sain Nicolas)
Tŷ Pedolau (Dinbych-y-pysgod)
Tyddyn Engan (Llaneilian)
Yr Engan (Rhoshirwaun)

Y felin

Roedd un o'r rhain yn arfer bod ym mhob plwyf a phob pentref yn ogystal, ac fel yn achos y gefeiliau, mae amrywiaeth o enwau ar yr hen adeiladau hyn ac adeiladau eraill cyfagos:

Cae Felin (Hermon)
Carreg y Felin (Pont-y-pŵl)
Cyll y Felin (Aberdaron)
Cysgod y Felin (Mynydd Mechell)
Felin Blwm (Llanrwst)
Felin Cafnau (Cemais)
Felin Ceilwart (Llanaber)
Felin Dwarch (Mathri)
Felin Eithin (Boduan)
Felin Ferw (Pentreberw)
Felin Fôr (Llan-non)
Felin Gadeg (Llansannan)
Felin Guto (Llanymddyfri)
Felin Heli (Penrhos)
Felin Huw (Llwyndafydd)
Felin Pontbren (Cross Inn)
Felin Rug (Llanfair Caereinion)
Felin Sylfaen (Abermo)
Felin Traeth (Rhosneigr)
Felin Wynt (Llanelwy)
Felincamlais (Libanus)
Felinsych (Cwm-ann)
Felinygigfran (Crymych)
Felin yr Aber (Llanwnnen)
Ffrwd y Felin (Abergwaun)

Llecyn y Felin (Dinbych)
Maen Melin (Llannarth)
Melin Crawia (Llanrug)
Melin Fro (Caernarfon)
Melin Manaw (Bodedern)
Melin Melai (Llanfair Talhaearn)
Melin Meloch (Llanfor)
Melin-y-ddôl (Groesffordd Marli)
Melin-y-wig (Waunfawr)
Mynyddmelin (Abergwaun)
Olwyn Ddŵr (Glynebwy)
Parc y Felin (Tyddewi)
Rhyd-y-felin (Dinas, Caernarfon)
Tŷ Melinydd (Betws-y-coed)
Tŷ'r Melinydd (Y Trallwng)
Tyfelin Dŵr (Caergybi)
Y Felin Wen (Rhosbodrual)
Yr Hen Felin Wynt (Y Bont-faen)
Yr Hen Felindy (Clynnog Fawr)
Yr Olwyn Ddŵr (Clynnog Fawr)

Arfau gwaith

Ni cheir crefftwyr heb fod ganddynt arfau ac mae'n syndod cynifer o enwau arfau crefft ac offer tŷ sy'n cael eu cynnwys mewn enwau tai. Efallai mai cyfeirio at storio sydd yma neu efallai bod siap yr arf yn adlewyrchu siap cae neu gongl e.e. Cae Cetyn yn Llanddoged. Dyma gasgliad bach:

Bryn Tryfer (Y Bont-ddu)
Bwthyn Tebot (Carmel)
Cae Raca (Merthyr Tudful)
Cribin (Llangernyw)
Dwy Olwyn (Dolgellau)
Esgairordd (Crymych)
Gallt y Bladur (Machynlleth)
Gwaun y Maglau (Y Trallwng)
Maes y Droell (Yr Wyddgrug)
Olwyn Trol (Ynys-las)

Pant yr Olwyn (Gors-goch)
Pantycetris (Talgarreg)
Pwllybilwg (Llanybydder)
Rhoscryman (Llanfair-yng-Nghornwy)
Rhyd-y-ceirts (Cydweli)
Tŷ Gambo (Solfach)
Tyddyn Morthwyl (Rhos-lan)
Tyddyn y Gaib (Llanbedrycennin)
Tyddyn yr Hidyll (Caergybi)

Y grefft gyntaf

Mae amaethyddiaeth, yn ei amryfal ffyrdd, wedi dylanwadu'n fawr ar enwau'r tai, tyddynnod a ffermydd ar hyd ac ar led ein tiroedd. Mae Tŷ Moel yn enw pur gyffredin ar dŷ heb dir wrtho, ond mae cysylltiad amlwg iawn rhwng y detholiad canlynol a chrefft gyntaf dynol-ryw:

Blaen Llaethdy (Clunderwen)
Bryn Bugeiliaid (Nebo)
Bryn Llaethog (Glasfryn)
Bryn Re (Trawsfynydd)
Bryn y Cosyn (Licswm)
Bryn yr Ŷd (Pen-y-lan)
Buarth Cerrig (Pandy Tudur)
Buarth Meini (Llanuwchllyn)
Buarth y Beren (Deiniolen)
Buarth y Clytiau (Penisa'r-waun)
Buarth-y-re (Llanfachreth)
Buarth-yr-oen (Llanwrda)
Buarthau (Caeathro)
Cae Fuwch Wen (Dulas)
Cae March (Moelfre)
Cae'r March (Llanfachreth)
Cae'r Ŷch (Bryngwran)
Carreg Eidon (Crwbin)
Ceffyl Llwyd (Arberth)
Cefn Fuches (Ponterwyd)
Clwt y Ddafad Ddu (Llansannan)

Cornhwrdd (Llangennech)
Cwm-yr-olchfa (Lledrod)
Cwrt y Llaca (Rhiwderyn)
Ebrandy (Mallwyd)
Fferm Wyllt (Llanfechell)
Ffos-y-gaseg (Cribyn)
Ffridd Gymen (Llangywer)
Ffynnon y Gwyddau (Aberhonddu)
Foel y Ddafad Ddu (Pencader)
Fucheswen (Blaenau Ffestiniog)
Gadlas (Mynydd Mechell)
Gallt-y-grawn (Tŷ Croes)
Gellifaharen (Pren-gwyn)
Gilfach Lloi (Maenclochog)
Glyn-yr-ŵyn (Brynberian)
Gwag-y-noe (Chwilog)
Gwndwn Melyn (Tregaron)
Hen Dŷ Gwair (Trewallter)
Hendre'r Ŵydd (Dinbych)
Llaethdy (Amlwch)
Llethr-meirch (Trisant)
Llety'r Asynod (Pontarfynach)

Llety-caws (Cwmerfyn)
Llwyn Bustach (Crwbin)
Llwyn yr Hwch (Nant Gwynant)
Llwyndinawed (Cil-y-cwm)
Llwynyrhwrdd (Tegryn)
Llygadenwyn (Llanybydder)
Llynhwyad (Cwm-cou)
Maes Sied (Llandyrnog)
Maes Ysguboriau (Nant Gwynant)
Maeshelem (Llanbedr Pont Steffan)
Nant Golchi (Rhydyclafdy)
Nant-y-meichiad (Llanfyllin)
Nantremenyn (Pont-siân)
Olmarch (Llan-lwy, Penfro)
Parc y Moch (Bethesda)
Parc Ŷd (Crymych)
Penclacwydd Uchaf (Llwynhendy)
Pendafad (Pen-y-bont ar Ogwr)
Penporchell (Henllan)
Pentre Llaeth Enwyn (Meifod)
Pwll Defaid (Uwchmynydd)
Rhos-yr-ŵyn (Bryngwran)

HAFOD Y GÂN

Rhosyporfeydd (Llangadfan)
Rhyd Eidion (Llansannan)
Rhydyfarchnad (Treletert)
Sofl Ceirch (Caersŵs)
Tir Gwenith (Llangwnadl)
Tir Hwch (Rhuddlan)
Tri Hobaid (Rhoshirwaun)
Tŷ Ceffyl Bach (Merthyr Tudful)
Tŷ Ebol (Penfro)
Tŷ Ffald (Caerdydd)
Tŷ Gaseg (Solfach)
Tyddyn Blawd (Llanddeusant)
Tyddyn Hwrdd (Dwyran)
Tyddyn Mêl (Llandegfan)
Tyddyn Moch (Brithdir)
Tyddyn Ysguboriau (Rhos-lan)
Waun y Boles (Y Fflint)
Waunmeirch (Llandysul)
Y Cartws (Capel Bangor)
Y Daflod (Aber-soch)
Y Porfa (Malltraeth)
Yr Ebol (Llanllŷr-yn-Rhos)

Yn cydio wrth yr enwau amaethyddol, yn naturiol, mae'r enwau sy'n cynnwys yr elfennau 'hafod' a 'hendre'. Dyma rai ychydig yn anghyfarwydd efallai:

Hafodunos (Llangernyw)

Hafod Hudol (Glyngarth, Porthaethwy)
Hafod Taliadau (Arthog)
Hafod y Fro (Y Bont-faen)
Hafod-y-gog (Llangernyw)
Hafod-y-meirch (Tabor, Dolgellau)
Hafod yr Hardd (Llanuwchllyn)
Hafod-yr-ŵyn (Llanuwchllyn)
Hendre Berfedd (Llanfachreth)
Hendre Rhys Gethin (Betws-y-coed)
Hendre Waelod (Glan Conwy)
Borfa Hafod (Tregynon)

Creaduriaid gwylltion

Mae Oes yr Arth a'r Blaidd wedi hen gilio o'r tir, ond eto mae rhai enwau tai yn adlewyrchu'r creaduriaid hynny hyd heddiw. Mae sŵn hen helfeydd a'r cof am hen straeon ymlid wedi'u dal yn rhai o'r enwau hyn a hefyd elfen o gyd-fyw a sylwi ar fyd natur:

Bro Eog (Llanelwy)
Bryn Gwenyn (Llaneurgain)
Bryn-y-chwilod (Y Foel)
Bryndraenog (Rhaeadr Gwy)
Bwthyn Dwrgi (Ty'n-y-gongl)
Cae'r Blaidd (Brechfa)

Castell y Geifr (Llannarth)
Cimwch (Yr Wyddgrug)
Clust-y-blaidd (Cerrigydrudion)
Coed y Bleiddiau (Tan-y-bwlch)
Coed y Broch (Rhydowen)
Coed yr Afanc (Franks Bridge)
Coed Ceinach (Aberteifi)
Corn Gafr (Meidrim)
Craig Ewig (Llanrug)
Craig yr Iyrchen Fawr
   (Cerrigydrudion)
Craigybela (Fachwen)
Cwm Ci (Rhoshirwaun)
Cwch Gwenyn (Llansawel)
Cwm y Wiwer (Caerllion)
Cwmglöyn (Crymych)
Cwrt y Cadno (Llanilar)
Cwrt y Draenog (Llanddarog)
Draenogau (Talsarnau)
Eithin y Geifr (Llanwddyn)
Ffos y Broga (Dryslwyn)
Ffynnon Cadno (Ponterwyd)
Ffynnon Dwrgi (Cwm-cou)
Ffynnon Llygoden (Blaenannerch)
Gallt y care (Llanfachreth)
Gwâl Eirth (Y Barri)
Gwâl Sgyfarnog (Pen-y-bont)
Gwastadanas (Nant Gwynant)

Gwaungwaddod (Pen-y-bont
   ar Ogwr)
Gwe Coryn (Porth-y-rhyd)
Hafan y Cadno (Llan-lwy)
Llain Ffwlbart (Tal-y-bont)
Llam yr Eog (Gobowen)
Llethrgele (Felin-gwm)
Llety Bela (Glyn-nedd)
Llyg Fynydd (Clocaenog)
Llyn Gelod (Rhoshirwaun)
Llys y Malwod (Llan-non)
Moel Iwrch (Nebo)
Nant y Brithyll (Llangynyw)
Nant y Dyfrgi (Cemais)
Nant Wiber (Penygarnedd)
Nant-y-bwch (Llanfair Clydogau)
Nantygleisiad (Porth-y-rhyd)
Nantywenynen (Ystradfellte)
Nyth y Wiwer (Harlech)
Pantycarw (Llanfairfechan)
Pantymorfil (Talwrn)
Perthneidr (Llandysul)
Perthygwenyn (Mydroilyn)
Pwll y Garth (Dolwyddelan)
Pwlleog (Pencader)
Pwllygele (Llanfachreth)
Rhyd-y-geifr (Maerdy)
Rhydyrewig (Llangwm)

Sarn y Geifr (Cynghordy)
Traedyrewig (Llanerfyl)
Trebleiddied (Llanboidy)
Twll Cacwn (Llandegfan)
Twll y Llwynog (Bagillt)
Tŷ Blaidd (Penmachno)
Tŷ Broga (Llandrindod)
Tyddyn Ceirw (Llanelwy)
Tyddyn Gele (Cemais)
Tyddyn Madyn Coch
    (Llanystumdwy)
Tyle Morgrug (Y Rhigos)
Waen Mowion (Nantglyn)
Wern Dyfrgi (Rhyd Uchaf)
Wern Neidr (Llanrhaeadr)

Adar

Mae sylwgarwch a chraffter a thystiolaeth hirwylio adar, eu harferion, eu cynefinoedd a'u nodweddion y tu ôl i rai o'r enwau tai hyn, sy'n cynnwys enwau adar gwylltion a rhai dof yn ogystal:

Allt y Gog (Llanymddyfri)
Bertheos (Dolwyddelan)
Bilidowcar (Rhosneigr)
Blaenpibydd (Llanfyrnach)
Boncath (Llanfihangel-ar-arth)
Brohedydd (Saron)
Bryn yr Eos (Y Waun)
Bryntelor (Sarnau)
Bwlch yr Adar (Llanbedr Pont
    Steffan)
Bwthyn Gwennol (Llangernyw)
Caban Iâr (Y Friog)
Caerllinos (Llanfyrnach)
Castell Gwylan (Llanfairpwll)
Cefn Fronfraith (Comins-coch)
Cefn Perthpiod (Llannarth)
Cerrig-y-gwalch (Bodedern)
Coch-yr-ŷd (Yr Wyddgrug)

Cochybarlys (Llan-gain)
Coed y Gog (Mydroilyn)
Craig y Bwncath (Trefdraeth)
Cwm Eryr (Y Fan, Llanidloes)
Cwm-yr-adar (Llanilltud Fawr)
Cwmceiliog Fawr (Llandeilo)
Cysgod y Cyryll (Capel Dewi,
    Caerfyrddin)
Dinas y Frân (Solfach)
Dolgaran (Penrhiw-llan)
Dolwylan (Llangrannog)
Dylluan Wen (Sgethrog)
Ddrudwy (Aberffro)
Eos Elan (Caergybi)
Ffos y Gïach (Talgarreg)
Gilfach y Gog (Llanegryn)
Glas y Dorlan (Ffostrasol)
Glyn yr Hebog (Ystradgynlais)
Gwennol Ddu (Bryneglwys)
Gwernybarcud (Dolgellau)
Gwesty'r Adar (Llaneilian)
Gyffylog (Eglwys-bach)
Hafan y Wennol (Pencarreg)
Hebog y Dyffryn (Rhostrehwfa)
Llannerch yr Eryr (Llandderfel)
Lle'r Tylluanod (Nantmel,
    Llandrindod)
Llechwedd Fwyalchen
    (Llanuwchllyn)
Llety Dryw (Felin-foel)
Llety Plu (Llangybi)
Llety'r Dryw (Bodedern)
Llety'r Hedydd (Llannerch-y-medd)
Llwyn-y-Gwalch (Y Groeslon)
Llwyntelorydd (Ystalyfera)
Llwynyrhebog (Cwmifor)
Llys-y-barcud (Llanfair Clydogau)
Maes y Barcud (Pontarfynach)
Maes y Creyr (Llanystumdwy)
Nant y Bi (Treffynnon)
Nyth y Wennol (Trofarth)

Nythaderyn (Arberth)
Pant y Petris (Cross Inn)
Pant-y-cwcw (Brynbuga)
Penralltgigfran (Henllan)
Pentre Golomen (ger Y Trallwng)
Pentre Piod (Llangywer)
Rhyd yr Hwyaid (Cross Inn,
Llandysul)
Rhydgolomennod (Llangrannog)
Tir Paun (Myddfai)
Tirytylluanod (Llandysul)
Tŷ Aderyn Glas (Trefynwy)
Tŷ Alarch (Dinbych-y-pysgod)
Tŷ Deryn y Môr (Llanfaethlu)
Tŷ Garan (Dinbych-y-pysgod)
Tyddyn Dryw (Rhuallt)
Tyddyn Pioden (Bae Trearddur)
Tyddyn y Paun (Llangoed)
Tyddyneos (Groesffordd Marli)
Wauncrechydd (Llanelli)
Waunwhiod (Trefdraeth)
Wern Cornicyll (Llanwnnen)

Y Bluen Goch (Penmaen-mawr)

Siâp neu nodwedd

Yn Llanfair Talhaearn – heb fod yn annisgwyl, mae'n siŵr gen i – gwelir tŷ o'r enw Tŷ Talhaearn. Ond y mae yno hefyd dŷ a elwir yn Tŷ Tal. Mae'r ddau yn digwydd bod yn yr un stryd. Nid yw'n amhosib mai Talhaearn yw gwrthrych yr ail dŷ hefyd ond ni fyddai'n annisgwyl mynd yno a gweld tŷ uchel. Mae llawer o enwau tai Cymru yn disgrifio siâp neu wneuthuriad neu ryw nodwedd arbennig ym mhensaernïaeth yr adeilad neu'r ardd:

Berthen Gron (Prion)
Bwthyn Cerrig (Llangoed)
Bwthyn Hir (Llanerfyl)
Caban Coed (Trawsfynydd)
Carreg Sidan (Porthaethwy)
Clawdd Cam (Llandudoch)

27

Clwyd Haearn (Gelli Aur)
Corn Gam (Pen-y-sarn)
Corn Mwg (Dinbych-y-pysgod)
Croes Congl (Moelfre)
Drefcerrig (Dolgellau)
Dwy Simnai (Castell-nedd)
Gegin Fedw (Llanrhaeadr)
Hafodtridrws (Brechfa)
Llidiardau Cwpl (Golan)
Neuadd Lydan (Cibyn)
Petryal (Llangernyw)
Prendy (Dolgellau)
Pum-porth (Cilgerran)
Rardd Gron (Llanddona)
Simdde Hir (Llannefydd)
Talgrwn Bach (Moelfre)
To Hesg (Llanilltud Fawr)
Trwyn Cwta (Y Fali)
Tŷ Aml i Gongl (Dyffryn Ardudwy)
Tŷ Brics (Llaneilian)
Tŷ Clwyd (Cwmgwili)
Tŷ Coed (Abergwaun)
Tŷ Crwn (Abergele)
Tŷ Haearn (Llanelli)
Tŷ Mwdwal (Llanrhyddlad)
Tŷ Pridd (Llangoed)
Tŷ Sgwâr (Aber-soch)
Tŷ To Gwellt (Nercwys)
Tŷ To Maen (Llanofer – ond
    cyffredin drwy Forgannwg hefyd;
    bro'r tai to gwellt)
Tŷ Trawst (Felindre)
Tŷ Tywyrch (Bodffordd)
Tyddyn Corn (Botwnnog)
Tyddyn Main (Nebo)
Uncorn (Penmachno)

Lliw

Mae lliw yn elfen amlwg wrth
dynnu sylw neilltuol at dŷ neu dir
hefyd. Mae Tyddyn Gwyn, Tŷ Du,
Tŷ Coch, Hafod-las, Erw-wen a
Fronfelen yn gyffredin iawn ond
dyma rai amrywiadau difyr:

Adwy Goch (Rhiwbryfdir)
Beili Llwyd (Llanddeusant)
Berth Lwyd (Nant Gwynant)
Brith Fryniau (Rhyd-y-main)
Buarthau Cochion (Abergorlech)
Bwthyn Gwyn (Penmon)
Bwthyn Melynymwlch (Cricieth)
Bylchau Gwynion (Llanelli)
Caban Gwyn (Bryn-mawr)
Carnaugwynion (Gwynfa)
Carreg Lliw (Pen-y-bont ar Ogwr)
Carreg-las (Mynachlog-ddu)
Castell Du (Cwm-wysg)
Cegin Wen (Llanddoged)
Cilmelyn (Penrhosgarnedd)
Clos Glas (Coed-y-bryn)
Clwt Melyn (Niwbwrch)
Corn Coch (Ty'n-lôn)
Croes Gwyn (Plwmp)
Cwm Glas (Llanfarian)
Danralltddu (Pentre-cwrt)
Ddôl-goch (Trofarth)
Dôl-werdd (Llanfihangel-y-
    Creuddyn)
Dolau Gwynion (Cwm-ffrwd)
Drws Coch (Llangoed)
Drws Glas (Rhosneigr)
Drws Gwyn (Cemais)
Du a Gwyn (Plwmp)
Erw Gochyn (Llandanwg)
Esgair Wen (Llanfachreth)
Ffos ddu (Llandeilo)
Ffriddoedd Gleision (Nebo)
Ffynhonnau Gleision (Talyllychau)
Ffynnon Las (Plwmp)
Garreg-wen (Cricieth)
Gegin Ddu (Brynsiencyn)
Gelynen Goch (Cwmifor)

Gerddi Gleision (Brithdir)
Giât Wen (Dinbych)
Glan yr Afon Ddu (Talyllychau)
Glwyd Ddu (Ciliau Aeron)
Gors Felen (Maenordeilo)
Grisiau Cochion (Bethesda)
Gro Gwynion (Llanelli)
Gwndwn Gwyn (Cas-lai)
Iet Goch (Tre-groes)
Maen Coch (Arberth)
Maen Llwyd (Bryngwran)
Meini Llwydion (Llanrhaeadr)
Muriau Cochion (Y Bont-ddu)
Muriau Gwynion (Fachwen)
Neuadd Lwyd (Ciliau Aeron)
Sarnau Gwynion (Llannarth)
Simdde Wen (Llanddona)
Stafell Goch (Llandyfan)
Syddin Melyn (Carwe)
Talcen Gwyn (Bodffordd)
To Gwyrdd (Caergybi)
To Lliwgwellt (Llanelli)
Tŷ Gwyn y Wlad (Pen-y-bont ar
    Ogwr)
Tŷ Llwyd (Cefneithin)
Tŷ Melyn (Arberth)
Tygarreg Goch (Creunant)
Y Maen Melyn (Y Ferwig)

Bach a mawr

Mae Tŷ-Mawr yn enw cyffredin drwy Gymru ond mae'n rhaid bod y math hwnnw o adeilad yn ddigon anghyffredin ym mhob plwyf ers talwm. Mae ambell dŷ o'r enw Tŷ Bach hefyd, megis yng Nghapel-y-ffin, a thŷ bach swyddogol ydi hwnnw, nid yr un answyddogol yng ngwaelod yr ardd! Defnyddir Bach a Mawr (ac Uchaf, Isaf, Pellaf a Canol) i ddynodi tai a godwyd ar dir yr hen ddyddyn neu fferm wreiddiol. Ar dir Tŷ Newydd ger Bangor, codwyd tŷ i'r mab neu i'r rhieni ymddeol iddo ryw dro a dyna roi'r enw Tŷ Newydd Bach. Yn Llanymynech, ceir Hen Dŷ Newydd, ond stori arall yw honno!

Acer Fer (Llanbedr Dyffryn Clwyd)
Bachsylw (Hendy-gwyn ar Daf)
Bychan (Rhosesmor)
Byrdir (Dyffryn Ardudwy)
Caeau Bychan Bach (Llangadog)
Caeau Bychan Mawr (Llangadog)
Cornel Bach (Llanelli)
Cwta (Felin-foel)
Eitha Bach (Y Trallwng)

Iet Fawr (Llangolman)
Mur Mawr (Y Gurn Goch)
Tir Bach (Llanllyfni)
Tŷ Bychan Dafarch (Porthdafarch)
Tŷ Bychan Eithin (Porthdafarch)
Tŷ Bychan Mynydd (Porthdafarch)
Tyddyn Botwm (Malltraeth)
Y Lleiaf (Porthdafarch)
Y Bwthyn Bach (Plwmp)

Pentre Gwyn a Phentre Du

Ym mhentref Betws-y-coed mae tri is-bentref – dros Bont-y-pair mae Pentre Felin; ger y Bont Haearn mae Pentre Gwyn ac yng nghysgod y bryniau a'r fforestydd ar y ffordd am Raeadr Ewynnol mae Pentre Du. Mae rhannau o'r Pentre Du na wêl olau haul o fis Hydref i fis Mawrth ac ni fydd barrug yn codi yno o un pen i'r dydd i'r llall pan fydd hi'n heth. Mae golau a diffyg golau yn bwysig o sabwynt tŷ a does ryfedd fod cymaint o enwau tai yn cyfeirio at oleuni neu gilfachau. Un o'r enwau tristaf siŵr o fod ydi Cilhaul. Dyma enghreifftiau o dai yn y pelydrau a thai yn y cysgodion:

Berllan Dywyll (Pumsaint)
Blaen-y-wawr (Tal-y-sarn)
Bola Haul (Mynyddygarreg)
Bryn-y-wawr (Tegfryn)
Bryn yr Haul (Gwenddwr)
Cae yr Haul (Llanelwy)
Cildywyll (Sanclêr)
Clogwyn Haul (Betws-y-coed)
Codiad Haul (Pontnewydd ar Wy)
Congl Heulog (Llandanwg)
Craig-y-wawr (Trefdraeth)
Crud-y-wawr (Maenclochog)

Cwmtywyll (Llandysul)
Esgair Gwawr (Rhyd-y-main)
Golwg yr Haul (Llandyfaelog)
Gwawr Eryri (Niwbwrch)
Gwawr Fryn (Ynys-y-bŵl)
Gwawrfryn (Aberaeron)
Gwêl-y-wawr (Trisant)
Gwên-y-wawr (Capel Dewi)
Gwrid y Gorwel (Pen-clawdd)
Hafod Dywyll (Dolgellau)
Hafod Heulog (Harlech)
Haul y Bore (Cwmtyleri)
Haul y Bryn (Gwdig)
Haul y Môr (Abermo)
Haul yr Afon (Llangoed)
Heulwen (Llanddulas)
Heulwen Haf (Tal-y-bont)
Heulwen Newydd (Rhaeadr Gwy)
Heulwynt (Dinbych)
Hud y Machlud (Maenclochog)
Llygad yr Haul (Clarach)
Llygaid-y-wawr (Llannarth)
Machlud Haul (Penmon)
Maes-y-wawr (Talyllychau)
Man yr Haul (Talgarth)
Mynydd-y-wawr (Llanddewi Felffre)
Pant Haul (Tal-y-bont)
Pant-y-nos (Llanfair Clydogau)
Pelydrau (Aber-soch)
Plas yr Haul (Llanddoged)
Porth Heulwen (Ceinewydd)
Porth-y-wawr (Conwy)
Rhydgellidywyll (Pontarfynach)
Sgwâr Heulwen (Y Trallwng)
Swyn-y-wawr (Marian-glas)
Trem-y-wawr (Y Bala)
Tŷ Haul (Saundersfoot)
Tŷ Heulwen (Y Trallwng)
Tyddyn Haul (Rhydargaeau)
Wyneb Haul (Llanfair, Harlech)
Y Wawr (Carwe)

Ynys Dywyll (Llansawel)

Safle

Mae cyfeiriad, llechwedd y tir, ansawdd y ddaear i gyd yn cynnig enwau ar dai:

Bryn Dwyrain (Clunderwen)
Caeau Llyfnion (Corwen)
Castell Dwyrain (Llanddewi Felffre)
Cawg (Bontdolgadfan)
Clai Bach (Rhydlewis)
Clai Coediog (Pentraeth)
Clwyd Dwyrain (Crucywel)
Corsydd (Meifod)
Crinlle (Llansannan)
Croen Llwm (Llannefydd)
Cwm Llwm (Nantglyn)
Dyffryn Braf (Llandderfel)
Ffridd Lom (Maenan)
Galchen (Maenclochog)
Gwaelod (Llanfyllin)
Gwaelod Mawr (Caergeiliog)
Gwaelod-y-wlad (Trefynwy)
Gwastad (Felindre)
Gwastad Gwynfa (Llanfyllin)
Gwastadedd (Llandderfel)
Gwlad Eithaf (Pumsaint)

Gwyllt (Llangwnnadl)
Llawr y Cae (Dinas Mawddwy)
Llawrynys (Dolwyddelan)
Meini (Blaen-plwyf)
Meysydd Brwyn (Dinbych)
Mysg y Meysydd (Llangeler)
Pantygogledd (Pencader)
Prinedd (Y Trallwng)
Pwll Brwnt (Abermiwl)
Pwll Clai (Eglwys-bach)
Pwll Priddog (Rhandir-mwyn)
Pyllau Dŵr (Llanberis)
Siglan (Helygain)
Siglen y Rhos (Llanarmon-yn-Iâl)
Tir Brwnt (Caersŵs)
Tir Garw (Biwmares)
Tir Gwelyog (Gwaenysgor)
Twll (Y Trallwng)
Twll y nodwydd (Pennal)
Twyn Sych (Machen)
Twyni (Llanaber)
Tŷ Gorllewin (Abertawe)
Waen Dyllog (Yr Wyddgrug)
Waen Sidan (Carrog)
Ystrad (Llanfaethlu)

Golygfa

Yn ogystal â'r hyn a welir ar y tir o amgylch y tai, mae'r olygfa o'r tŷ yn rhoi bod i enwau cyfarwydd megis Gweldir, Gorwel, Gwelfro a Golygfa:

Cil y Gorwel (Llangrannog)
Cwmgolygfa (Rhydcymerau)
Golwg y Bryn (Llangyndeyrn)
Golwg y Foel (Maenclochog)
Golygfa Hardd (Crucywel)
Golygfa Llyn (Llannarth)
Golygfa'r Dyffryn (Trefriw)
Gorwel-deg (Caerwedros)
Gorwel Ffair (Plwmp)
Gwêl Eryri (Penrhosgarnedd)
Gwêl y Ffawydd (Ffostrasol)
Gwêl yr Wyddfa (Malltraeth)
Môr Olwg (Ceinewydd)
Môr a Môn (Bangor)
Morwelir (Llangrannog)
Pellorwel (Ffostrasol)
Pwllheli (Llangrannog)
Rhiw Golygfa (Saron)
Teg Orwelion (Llannefydd)
Tir Welir (Rhydlewis)
Trem Enlli (Ceinewydd)
Trem Llŷn (Harlech)
Trem Triban (Dolgellau)
Trem y Gader (Y Bont-ddu)
Trem y Garn (Pentrefoelas)
Trem-y-Werydd (Llangrannog)
Tŷ Cernyw (Y Glais)

Côd post

Cyn dyddiau'r Roial Mêl, roedd rhaid cyfeirio dieithriaid neu negeseuwyr drwy ddisgrifio lleoliad y tai yn hytrach na defnyddio enwau heolydd a chôd post. Dyna sydd i gyfri am gymaint o enwau hyfryd o syml sy'n mynegi union safle rhai anheddau. Mae Ty'n-y-coed, Ty'n-yr-ardd, Ty'n-y-twll ac ati yn gyffredin iawn a dyma gasgliad o rai mwy arbennig:

Abertriphlwyf (Myddfai)
Bodardraeth (Llanfachreth)
Bodunig (Llangernyw)
Bryn Eglur (Saron)
Bryn-un-tŷ (Bontdolgadfan)
Bwlch y Ffin (Rhandir-mwyn)
Bwlch y Tair Sir (Clunderwen)
Bwlchyddeugae (Llannefydd)
Bwlchyddwyrhos (Banc-y-ffordd)
Cálon y Dyffryn (Llanfair Dyffryn Clwyd)
Canol Llan (Llangernyw)
Canol Pentre (Tal-y-bont ar Wysg)
Canol-y-coed (Prestatyn)
Canol-y-dre (Caerwys)
Canol-y-llan (Llansannan)
Canol yr Allt (Rhiwddolion)
Canoldir (Penrhos)
Canoldref (Llanhuadain)
Canoldy Cymru (Glandyfi)
Canolfryn (Dyffryn Ardudwy)
Cefn y Dre (Trefdraeth)
Chweffordd (Trofarth)
Congl Meinciau (Botwnnog)
Cwmpedol (Llandeilo)
Cydiad y Ddwysir (Llanwenarth)
Dôl Ffin (Llandinam)
Draen (Pontnewydd ar Wy)
Drws y Plas (Cas-gwent)
Drws Nesa (Caerdydd)
Drws Nesa ond Un (Pontypridd)
Ffiniau (Wrecsam)
Fforchddeunant (Gwynfe)
Ffos-y-ffin (Cellan)

Ganol yr Aran (Llangedwyn)
Hanner Ffordd (Maenan)
Maes y Fforch (Babell)
Neilldu (Bae Trearddur)
O'r Golwg (Aberhonddu)
Ochr Mynydd (Llangynog)
Ochr y Bryn (Llanwrda)
Pedair Groesffordd (Penmachno)
Penclawddmawr (Abermeurig)
Pont Garreg (Cwm-du)
Porth y Castell (Trefdraeth)
Porth y Dre (Llanddona)
Porth y Mynydd (Llanddona)
Rhan o Fôn (Llangoed)
Sein Felan (Bodedern)
Tair-lôn (Llanrug)
Tairlôn (Cilan)
Terfynfa (Coed-poeth)
Tir-dan-yr-heol (Glanaman)
Top-y-cae (Dylife)
Top y Ffordd (Y Fflint)
Tro Isaf (Penrhiw-llan)
Tro Lôn (Llandysul)
Tro Ucha (Penrhiw-llan)
Tro'r Gelynen (Abertawe)
Trofa (Sarn)
Twll Clawdd (Mynyddmechell)
Tŷ Amlwg (Treharris)

Tŷ Ceunant (Y Trallwng)
Tŷ Cornel (Llannarth)
Tŷ Unig (Treharris)
Tŷ yn y Wlad (Crucywel)
Ty'n Brwyn (Llanddaniel)
Ty'n Gamdda (Llangristiolus)
Tŷ'r Ogofau (Llandrindod)
Uchel Dref (Corwen)
Y Penty (Dolgellau)

Lleoli

Mae defnyddio arddodiaid – ar, wrth, ger, yn ac ati – yn lleoli tai yn glir a syml. Defnyddir llawer iawn o'r geiriau bychain uniongyrchol hyn i gyfleu'r union fan lle mae tŷ wedi'i godi.

Ar
Mae enw'r hen ranbarth Arfon yn cyfleu union ystyr yr enwau sy'n cynnwys yr elfen hon – mae'r lle yn 'taro ar', yn 'union wrth ymyl'. Enghreifftiau amlwg yw tai o'r enwau Argraig, Arfyn, Argoed, Ardwyn, Arfaes. Dyma ychydig o rai prinnach:

Ar Lan y Môr (Ceinewydd)
Ar y Creigiau (Pwll-trap)

33

Ar y Don (Ceinewydd)
Arael (Ffestiniog)
Arafon (Mynydd Llandygái)
Ardaith (Glan-y-pwll)
Ardraeth (Malltraeth)
Ardref (Waunfawr)
Argwm (Cross Inn, Llandysul)
Arllwyd (Henllan)
Arlyn (Trawsfynydd)
Arnant (Felin-fach)
Arwynfa (Crymych)
Bwthyn-ar-lan-yr-afon (Abergwaun)
Bwthyn ar y Bryn (Nefyn)
Tŷ ar Afon (Y Friog)
Tŷ ar y Bryn (Caerwedros)

Blaen
Mae 'blaen' yn cael ei ddefnyddio fel arddodiad yn aml mewn enwau tai – 'o flaen' lle arbennig, neu ym mhen blaen pen uchaf cwm neu ddyffryn:

Blaen Cae Isa (Deiniolen)
Blaen Cleddau (Mynachlog-ddu)
Blaen Fferam (Carmel)
Blaen-ffos (Ffostrasol)
Blaen-maes (Cribyn)

Blaen-plwyf (Ystrad Meurig)
Blaenberllan (Cilcennin)
Blaenblodau (Cwm-ann)
Blaencringoed (Mydroilyn)
Blaengafenni (Llanfihangel
    Crucornau)
Blaengofer (Talog)
Blaengwenffrwd (Llanofer)
Blaenshedi Fach (Banc-y-ffordd)
Blaenyrogof (Banc-y-ffordd)
Blaenyweirglodd (Llannefydd)

Cil
'Yng nghysgod', 'y tu ôl', 'y tu cefn' yw ystyr yr elfen 'cil' ac mae'r elfen hon yn creu cyfuniadau difyr hefyd:

Cil-y-llidiart (Betws-yn-Rhos)
Cilbedlam (Porthaethwy)
Cilfynydd (Nanmor)
Cilgelynnen (Abergwaun)
Cilgeraint (Bethesda)
Cilrhosyn (Dinas Powys)
Ciltrefnus (Gerlan)
Ciltwllan (Gerlan)
Cilwenau (Llannarth)
Cilynys (Abermo)

Ger

Mae Gerallt, Gerlan, Gernant, Gerllwyn i gyd yn cyfleu agosatrwydd y tŷ at ryw nodwedd amlwg arall yn y cyffiniau:

Ger Eglwys (Llanfair-yng-
  Nghornwy)
Ger y Felin (Amlwch)
Ger y Maes (Rhos-y-bol)
Ger y Tŵr (Caeathro)
Ger yr Ywen (Llanerfyl)
Gerymoryd (Bae Trearddur)

Is

Os yw tŷ 'o dan' rhywbeth pendant ar y tirwedd, ceir ffurfiau megis Islwyn, Isgoed, Isgaer, Isfryn. Hefyd:

Is-y-ffynnon (Dolgellau)
Isdulyn (Nebo)
Isgynfa (Llangernyw)

Min

Mae Minffordd, Min y Môr, Minffrwd, Min-y-coed, Min-y-graig, Min-y-ddôl, Min-y-cae, Min-y-grug, Min-y-don i gyd yn ffurfiau cyfarwydd. Mae modd ymestyn y defnydd o'r geiryn hefyd:

Minyceiri (Llanaelhaearn)
Minymynydd (Crymych)

Oddi ar

Oddi ar y Llyn (Croesoswallt)

Rhwng

Rhwng Dau Fynydd (Cemais)
Rhwngyddwyffordd (Llangernyw)
Rhwngyddwyryd (Deiniolen)
Rhwngyddwyborth (Pen Llŷn)

Tan

Bod o Dan Do ydi'r prif nod wrth godi tŷ, ac wrth reswm mae ambell dŷ yn dwyn yr enw hwnnw (Glan Conwy a Glan Twymyn) ond fel rheol defnyddir y geiryn 'tan' yn syml ac uniongyrchol i nodi'r lleoliad: Tan-y-clogwyn, Tan-y-gaer, Tan-y-fynwent, Tan-yr-ardd, Tanymarian, Tan-y-maes, Tan-y-coed:

Tan Ffatri (Garndolbenmaen)
Tan Twmpath (Glyndyfrdwy)
Tan y Clochdy (Henllan)
Tan y Cyffion (Llanfynydd)
Tan-yr-ogof (Nant Gwynant)
Tandisgwylfa (Plwmp)
Tanffordd Elen (Y Groeslon)
Tanygelynnen (Rhostryfan)
Tŷ Tan Derw (Plwmp)
Tŷ Tan Ffordd (Maerdy)

Tros

Tros yr Enfys mae gwlad brafiach i fyw ynddi, ond ar wahân i un tŷ o'r enw hwnnw yng Ngharmel, mae gweddill y tai sy'n defnyddio'r geiryn bach yma wedi'u lleoli'n weddol bendant yn ein byd ni:

Dros y Ffordd (Tre-groes)
Garreg Tros Ffordd
  (Mynyddmechell)
Tros Terfyn (Caernarfon)
Tros y Gors (Llangoed)
Tros y Marian (Llangoed)
Tros y Môr (Llangoed)
Tros yr Afon (Llanddona)
Tros yr Wylfa (Llanddona)
Tŷ Dros Bont (Magor)

Tu hwnt
Mae'r elfennau hyn hefyd yn cyfleu 'yr ochr draw' megis Tu-hwnt-i'r-gors a Tu-hwnt-i'r-fawnog a Tu-hwnt-i'r bont yn Llanrwst.

Uwch
Uwch Tywi (Capel Dewi)
Uwch-y-don (Betws Gwerful Goch)
Uwch y Don (Llangrannog)
Uwch yr Hafod (Coed-poeth)
Uwch y Morlyn (Berea)
Uwch y Niwl (Pontneddfechan)
Uwchlaw'r Ffynnon (Llanaelhaearn)
Uwchlaw Rhos (Groeslon)

Wrth
Tŷ wrth yr Eglwys (Pen-y-bont ar Ogwr)
Tŷ wrth y Ffynnon (Aberhonddu)
Tŷ wrth y Glwyd (Aberhonddu)

Tŷ wrth y Morfa Uchaf (Burry Port)
Wrth-y-bont (Rhydyclafdy)
Wrth-y-coed (Y Gyffordd)

Ymyl
Ymyl-y-graig (Gwdig)
Ymyl-y-nant (Gwdig)

Yn
Ty'n-y-mwd (Dinas Dinlle)
Yn y Coed (Solfach)

Rhannau o'r corff

Mae rhannau o'r corff yn cynnig lluniau hwylus wrth ddisgrifio lleoliad – rydan ni'n sôn am 'ben y mynydd' neu 'droed y clogwyn' neu 'ael y bryn' ac mae llawer o enwau tai yn defnyddio'r elfennau hyn. Dyma rai go anarferol i ddechrau arni:

Benglog (Llanddeiniol)
Bigwrn (Llanarthne)
Calon y Coed (Ffestiniog)
Clun Bach (Blaen-y-coed)
Clun Main (Tre-lech)
Clun-yr-ychen (Caerfyrddin)
Dannedd y Gwynt (Gwynfryn)
Esgyrn Draw (Aberteifi)
Genau Cwm Irfon (Llanwrtyd)
Genau Hafod (Y Drenewydd)
Groes Asgwrn (Llangyndeyrn)
Gwddw Glas (Penmaen-mawr)
Gwyneb (Beulah)
Pantyceubal (Clarbeston Road)
Penblewyn (Arberth)
Penybenglog (Crymych)
Rhyd-y-pennau (Y Drenewydd)
Safncoed (Llangurig)
Tor-y-mynydd (Glanyferi)
Tre-clun (Aberteifi)
Treberfedd (Dihewyd)
Trwyn y Buarth (Tre'r-ddôl)
Tŷ Bol (Edern)
Tyddyn y Fawd (Niwbwrch)
Ysgwydd y Glyn (Llanelltud)
Ystlys (Cenarth)
Ystlys y Coed (Pontarddulais)

Caiff y dillad sy'n cuddio'r corff eu cynnwys mewn enwau weithiau:

Llogell (Boncath)
Tai'r Cap Coch (Abercwmboi)
Ty'n Llawes (Llanrhyddlad)

Bron
Gall 'bron' yng nghyd-destun enwau tai olygu bryncyn, fel yn achos enwau fel Ty'n-y-fron, neu gall hefyd olygu 'ym mynwes', 'yng nghôl' megis Bron-y-graig, Bron-y-foel:

Bron Ddel (Rhoscolyn)
Bron Eryri (Caernarfon)
Bron Gadair (Rhyd-ddu)
Bron Hebog (Beddgelert)
Bron yr Aur (Machynlleth)
Brongoedwig (Pontarfynach)
Bronfynwent (Bronnant)
Bronypistyll (Betws-yn-Rhos)

Cefn
Mae 'cefn' yn gallu golygu llechwedd neu fynydd fel Cefn Cyfarwydd uwchlaw Trefriw, neu gall hefyd olygu 'yn wrthgefn i', 'y tu ôl':

Cefn Byr (Llansannan)
Cefn Clawdd (Trawsfynydd)
Cefn Cynghordy (Llanymddyfri)
Cefn Garlleg (Eglwys-bach)
Cefn Gefail (Llanymddyfri)
Cefn Rhydd (Capel Garmon)
Cefn Ynysoedd (Llanfaglan)
Cefen y Bryn (Aber-porth)
Cefnau (Llangadfan)
Cefnblewog (Aberriw)
Cefncyfrifol (Aberhosan)
Cefndreboeth (Aberriw)
Cefnmystrych (Caerfyrddin)
Cefnygwreichio (Clynnog Fawr)

Cesail
Lle cysgodol, lle sy'n swatio:

Cesail Gwyn (Llangwm)
Gesail Cwm (Glyndyfrdwy)
Gesail Ddu (Y Foel)
Gesail Gyfarch (Golan)

Gwar
Gwar Capel (Pontarfynach)
Gwar Llethr (Pen-uwch)

Gwar y Castell (Crucywel)
Gwarallt (Pontllyfni)
Gwarclawdd (Pontarfynach)
Gwarcwarel (Pontarfynach)
Gwarcwm Hen (Capel Madog)
Gwardafolog (Pont-siân)
Gwarfelin (Llanbadarn Fawr)
Gwarffordd (Llanfihangel-y-
    Creuddyn)
Gwarffynnon (Tal-sarn)
Gwarolchfa (Trefenter)

Llygad
Gall llygad olygu 'yng nghanol' neu
'o fewn golwg', megis 'llygad yr haul'
neu yn achos afon neu nant, gall
olygu tarddle:

Bryniau Llygad (Caergybi)
Garthllygadydaith (Blaen-y-coed)
Llygad Teifi (Cwm-ann)
Llygad y Cleddau (Treletert)
Llygad y Dyffryn (Llanidloes)
Llygad y Fro (Rhydfelin)
Llygad y Glyn (Llanfarian)
Llygad yr Odyn (Mynyddygarreg)
Llygad-yr-ych (Llansawel)

Pen
Pen-y-ffridd, Pen-y-nant, Pen-y-
fron, Pen-y-cae, Pen-y-bryn, Pen-y-
coed, Pen-y-llan, Penmorfa, Pen-
sarn, Pen-traeth, Pen-y-groes, Pen-
y-bwlch, Penceunant, Penyberth,
Pen-lôn, Pen-y-gaer – mae'n siŵr
fod mwy efallai o'r elfen 'pen' na
phrin yr un arall mewn enwau tai
yn y Gymraeg:

Pen Cob (Malltraeth)
Pen Incline (Galltyfoel)
Pen Pwll-y-calch (Llanfihangel
    Ystum Llywern)

Pen-y-bonc (Mynydd Llandygái)
Pen-y-bythod (Llandwrog)
Penanner (Betws-yn-Rhos)
Pencerrig Pella (Harlech)
Pendas Eithin (Waunfawr)
Pendibyn (Llanbadarn Fawr)
Pendraw (Llanberis)
Pendrill (Llanddeusant)
Pendwroer (Waunfawr)
Pendyffryn (Llanddulas)
Penesgynfa (Dolgellau)
Penfforddwen (Nantglyn)
Penheolgerrig (Y Fenni)
Penpedairheol (Pontllan-fraith)
Penpistyll Bach (Penuwch)
Penpwll Coch (Penisa'r-waun)
Penrhiwgwaith (Coed Duon)
Pentyddynod (Llandyfrydog)
Penygamfa (Y Groeslon)
Penypalmant (Dinbych)
Penyrhwylfa (Llansannan)

Tal
Mae tŷ o'r enw Talcen yn Amlwch
ac mae'r elfen 'tal' yn cael ei
defnyddio'n aml i gyfeirio at dŷ
sydd ar ben neu wrth ochr
rhywbeth arbennig, megis Tal-y-
bont neu Tal-y-llyn.

Tal Aig (Abermo)
Tal Dyffryn (Amlwch)
Tal Garreg (Llanbedr, Harlech)
Talafon (Cwm-y-glo)
Talardd (Cynllwyd)
Talcen Llwydiarth (Llanidloes)

Troed
Mae Troed-yr-allt, Troed-y-rhiw a
Troed-y-bwlch yn gyffredin iawn.
Uwch y Ro-wen yn Nyffryn Conwy
mae mynydd Tal-y-fan ac yn y

pentref mae tŷ o'r enw Troed-y-fan. Dyma enghreifftiau eraill:

Troed y Deri (Y Fenni)
Troedesgair (Dolwen)
Troedrhiwcastell (Goginan)
Troedrhiwdrain (Cwm Elan)

Tywydd

Yng Nghymru, mae'r tywydd a chyfeiriad y glaw yn bwysig wrth ystyried ble i godi tŷ. Does ryfedd felly fod y tywydd a gaiff y safle yn cael lle digon amlwg ar enwau tai yn ogystal. Haul a Gwynt yw hi yn aml mewn llawer o dai – ni ellir cael y naill heb osgoi'r llall. Ond mae'r tywydd yn amrywio o le i le wrth gwrs:

Awel Enlli (Cross Inn, Llandysul)
Awel y Mynydd (Deiniolen)
Awel y Grug (Cross Inn, Llandysul)
Awelfor (Sarnau)
Bach-y-rhew (Rhydyfelin)
Boncyn Heulog (Llangernyw)
Bonyn-y-gwynt (Brynhoffnant)
Bron Dywydd (Sarn)
Bryn Barrug (Ysgeifiog)
Bryn Eira (Bodedern)
Bryneira (Llandeilo)
Caerenfys (Treletert)
Cas Gwynt (Bwlch-y-groes)
Castell y Gwynt (Talerddig)
Crib y Gwynt (Meifod)
Cwm Llwydrew (Rhydlewis)
Cwmwl yr Allt (Llandysul)
Cymylau (Y Bont-ddu)
Dolenfys (Llangadog)
Esgerlygoer (Cwrtnewydd)
Grimpan (Llanrhuddlad)
Gwrthwynt (Beulah)

Gwynfyd y Gwynt (Capel Coch)
Gwynt Croes (Nefyn)
Hafod Boeth (Y Groeslon)
Llannerch Hindda (Cynghordy)
Llety'r Niwl (Llanelli)
Lletyllwydrew (Pontyberem)
Llwyn Cynnar (Llanfihangel Brynpabuan)
Mur Poeth (Mynytho)
Niwl y Bryn (Llanaber)
Niwl y Mynydd (Aberdesach)
Pant y Llwydrew (Cydweli)
Pedwar Gwynt (Sgwâr a Chwmpawd)
Sbort-y-gwynt (Llandegfan)
Tarth y Mynydd (Capel Coch)
Tirenfys (Cwm-du)
Treboeth (Abergwaun)
Tŷ Eira (Llandysul)
Tyddyn Drycin (Llanfairfechan)
Tyddyn Oer (Bethel)
Tyddyn yr Awel (Tal-y-cafn)
Uwch y Niwl (Casllwchwr)
Wybren Las (Rhoscolyn)
Yr Adwy Wynt (Abergele)

Y misoedd a'r tymhorau

Yn ôl yr hen drefn 'Hafod a Hendref', cysylltir rhai mannau ag adegau penodol o'r flwyddyn. Efallai mai mis gorffen codi tŷ neu mis ei brynu yw ystyr rhai o'r enwau hyn, neu efallai mai darlun mwy barddonol o gyfnod yr oes y rhai sy'n byw yno sydd yma:

Addewid yr Haf (Rhyd-y-main)
Awel Haf (Casnewydd Bach)
Bod Gaeaf (Bryncroes)
Bodhefin (Llangollen)
Bron Haf (Mydroilyn)

Bryn Ebrill (Rhuddlan)
Bryn Mai (Rhuddlan)
Bwthyn Hydref (Nannerch)
Bwthyn Mai (Gwdig)
Cae Mai (Llannarth)
Canol Haf (Pont-y-clun)
Castell Mai (Conwy)
Ceinder Haf (Aber-porth)
Cwm y Gwanwyn (Llanbedr
  Dyffryn Clwyd)
Diwedd yr Haf (Llandybïe)
Gardd y Gwanwyn (Aberteifi)
Hafdir (Capel Seion)
Hafdy (Bae Trearddur)
Hydref (Tywyn)
Lle Haf (Rhosneigr)
Lluest Mai (Pontarfynach)
Llwyn Haf (Porth-y-rhyd)
Llys Ebrill (Bancyfelin)
Llys Mai (Cerrigydrudion)
Llysmedi (Castellnewydd Emlyn)
Plas Medi (Talyllychau)
Rhos y Gwanwyn (Hwlffordd)
Tir Haf (Bwlchtocyn)
Tŷ Bach yr Haf (Boncath)
Tŷ Ebrill (Crymych)
Tŷ Gwanwyn (Aber-cuch)
Tŷ Haf (Aber-soch)
Tŷ Mawrth (Y Bont-faen)
Tŷ Medi (Ty'n-y-gongl)
Tŷ Mehefin (Llandeilo)
Tymor (Y Borth)
Y Gwanwyn (Aberpennar)
Y Tymhorau (Cwm Nedd)
Yr Haf (Y Drenewydd)
Ynys Tachwedd (Ynys-las)
Ynys yr Haf (Llandysul)
Ystrad Fai (Felin-foel)

Cysgod

Mae sicrhau cysgod rhag y tywydd yn flaenoriaeth mewn sawl man:

Clawdd y Coed (Henllan)
Clawdd y Cwm (Dyffryn Ogwr)
Cysgod Eryri (Bethel)
Cysgod y Coed (Y Bala)
Cysgod y Dail (Dinbych-y-pysgod)
Cysgod y Deri (Llandeilo)
Cysgod y Llan (Llandysul)
Cysgod y Tŵr (Cemais)
Cysgod yr Ynys (Porthmadog)
Encil y Coed (Llangywer)
Wrth y Coed (Bangor)

Coed

Un o'r dulliau gorau o gael cysgod yw plannu coed a bu hynny'n ffordd o fyw gan yr hen bobl ymhell cyn bod sôn am yr oes werdd bresennol. Mae gwreiddiau coed yn dda at sychu waliau tai yn ogystal. Ond mae siâp i goeden, mae arni flodau, dail a ffrwythau ac mae ei lliw a'i llun yn ychwanegu at yr olygfa yn ogystal â chreu cysgod. Does ryfedd fod 'llwyni' a 'pherthi' a 'choed' yn amlwg yn ein henwau tai:

Aberbedw (Rhydlewis)
Banc y Berllan (Rhos-maen)
Bedw Gwynion (Llanuwchllyn)
Beili Celyn (Myddfai)
Bod Helygen (Y Bontnewydd)
Bodegroes (Efailnewydd)
Bodfasarn (Clynnog Fawr)
Brasgyll (Cefn Meiriadog)
Brigau (Cwm-ann)
Bryn Deiliog (Llanbedr, Gwynedd)
Bryn Ffawydd (Llanfairfechan)
Bryn Masarn (Llandudno)

Bryn Myrtwydd (Caergybi)
Bwlch y Fedwen (Pont-siân)
Bwlchyrelmen (Ffostrasol)
Bwthyn Celyn (Llanarmon Dyffryn
  Ceiriog)
Cae Gwiail (Coed-llai)
Caeysgawen (Bryn-teg)
Cedrwydd (Maentwrog)
Celyn Brithion (Dinas Mawddwy)
Cnwc Deiliog (Cil-y-cwm)
Coed Afon (Gellilydan)
Coed Castan (Aber-porth)
Coed Cywydd (Llangoed)
Coed Gleision (Ciliau Aeron)
Coed Moelon (Pontyberem)
Coed Mwsoglog (Rhyd-y-main)
Coed Talwrn (Cynwyd)
Coed Uchel (Llanwnnen)
Coed y Mêl (Llanfair-ym-Muallt)
Coeden Gron (Llanfachreth)
Coedlannau Fawr (Pont-siân)
Cornel Cae Celyn (Lloc)
Cwrtyrysgaw (Llanrhian)
Drain Duon (Aberhonddu)
Ffynnon Helygen (Rhydlewis)
Ffynnonlwyfen (Crwbin)
Gelli Aur (Llanbedrycennin)
Gelli Gelynog (Carwe)
Gongl Helyg (Bryngwran)

Gwernafalau (Llandwrog)
Gwinwydden (Llandegfan)
Hafod Rhisgl (Nant Gwynant)
Hafod-y-coed (Waunfawr)
Hafod-y-dail (Solfach)
Helygog (Brithdir)
Llannerch Felys (Pandy Tudur)
Llennyrch (Llanbedr)
Llwyn Aethnen (Trefor)
Llwyn Ffawydden (Llanbedr Pont
  Steffan)
Llwyn Helyg (Cwm-ann)
Llwyn Onn (Dinbych-y-pysgod)
Nant y Crabas (Dinbych)
Pantscawen (Pont-siân)
Perth y Fedwen (Llandyfrïog)
Pren Yw (Bodfari)
Pren Da (Llan-y-bri)
Tai Onnen (Rhostryfan)
Tir y Dail (Y Bala)
Tircelyn (Cwm-du)
Tresi Aur (Brynhoffnant)
Tŷ Fedwen (Llanelli)
Ty'n Drain (Llanddaniel)
Tyrpeg Gelli (Nantlle)
Winllan (Waunfawr)
Ynysgollen (Llanelli)
Ywen Fach (Maenordeilo)

Derw

O bob coeden, mae'n siŵr mai'r dderwen yw'r un uchaf ei pharch o safbwynt ei chadernid a'i chysgod a hefyd at ddefnydd adeiladydd. Does ryfedd fod cynifer o dai yn cynnwys elfen o enw'r goeden megis Derlwyn a Derwydd. Dyma rai eraill:

Cwmderw (Dre-fach, Felindre)
Derw Lon (Pentre-cwrt)
Derwen Aur (Felin-fach)
Derwen Deg (Fron-goch)
Derwen Gam (Llanuwchllyn)
Derwen Las (Pentre-cwrt)
Derwen Unig (Llangedwyn)
Derwig (Felindre, Llandysul)
Hendre Dderwen (Pwll-glas)
Llechedd Dderi (Llandyfaelog)
Mesen Fach (Llan-non)
Pwllderi (Mathri)
Tir Deri (Llanrhian)

Tir Mes (Penmaen-mawr)
Tŷ Derwen (Castell-nedd)

Blodau, llwyni, llysiau a ffrwythau

Fel coed, mae'r blodau o gwmpas tŷ yn rhan o bleser byw yn y gornel fach honno o'r ddaear ac maent yn cynnig cyfuniadau prydferth iawn fel enwau tai:

Beili Syfi (Llan-gain)
Berthaur (Llangwnnadl)
Blodeuyn (Pencader)
Brwynduon (Banc-y-ffordd)
Bryn Llin (Abergeirw)
Bwa-drain (Goginan)
Bwthyn Briallen (Bryncroes)
Bwthyn Ceirios (Caergeiliog)
Bwthyn y Grug (Llanrug)
Bwthyn y Rhosyn (Bryn'refail)
Caebanadl (Tal-sarn)

Castell Iorwg (Llanwnda)
Cnwcyreithin (Banc-y-ffordd)
Coch y Mieri (Llanddona)
Craflwyn (Y Ro-wen)
Cwmffionos (Cross Inn, Llandysul)
Dolmafon (Llanfihangel-ar-arth)
Eirlysiau (Bryn-crug)
Eithin Aur (Bangor Teifi)
Eithin Tewion (Cil-y-cwm)
Ffwrneithin (Mydroilyn)
Ffynnon Dafalog (Ciliau Aeron)
Ffynnon Ddrain (Llanllwni)
Frwynes (Llangernyw)
Gardd Llygad y Dydd (Nanmor)
Gardd Wenynen (Brynsiencyn)
Gerddi Bluog (Harlech)
Glyn Cennin (Dinbych)
Gongl Rhedyn (Amlwch)
Gwreiddyn (Moelfre)
Gwyddfid (Llan Sain Siôr)
Iorwg (Ffostrasol)
Lelog Gwyn (Cilgerran)
Llwyn Bresych (Clawddnewydd)
Llwyn Drysi (Hendy-gwyn ar Daf)
Llygaid y dydd (Dolwen)
Maes Briallu (Penfro)
Meillion (Treletert)
Meillionen (Ceidio)
Moel y Gwelltyn (Moelfre)

Pant y Garlleg (Mynyddygarreg)
Perth yr Aeron (Llangristiolus)
Perthi Aur (Ffostrasol)
Perthi Mwyar (Cas-lai)
Rhosyn Mynydd (Penmynydd)
Tai'r Briallu (Hirwaun)
Talcen Eiddew (Carreg-lefn)
Tŷ Eiddew (Llanfaglan)
Tŷ Grug (Treuddyn)
Tŷ Lafant (Licswm)
Tŷ Mwswgl (Betws Gwerful Goch)
Tŷ Rhedyn (Trefdraeth)
Tŷ'r Ddeilen Wen (Llanilltud Fawr)
Tyddyn Blodau (Bryncroes)
Y Cennin Pedr (Mynyddcerrig,
    Llanelli)

Sŵn

Mae rhai o'r enwau adar yn rhan o
enwau tai yn gwneud i rywun
ddychmygu'r canu soniarus sydd i'w
glywed yn y llecynnau hynny. Mae'r
sŵn a glywir o dai yn bwysig i
ansawdd bywyd yno, ac er bod Sŵn
Jet Isel neu Murmur y Ffordd Osgoi
yn nes ati yn aml, mae'r math o
seiniau a roddir yn enwau ar dai yn
dipyn mwy telynegol. Mae Sŵn-y-

môr, Sŵn-y-nant, Sŵn-yr-efail yn gyffredin a dyma ragor:

Awel a Gân (Blaen-porth)
Berthlafar (Rhosygwaliau)
Cân Erin (Bae Trearddur)
Cân y Coed (Sutton)
Cân y Nant (Trefdraeth)
Cathl y Gwynt (Cricieth)
Cerdd y Don (Llan-saint)
Cerdd y Don (Llansanffraid Fawr)
Cerdd yr Awel (Talwrn)
Chwiban y Gwynt (Caeathro)
Cloch y Ceiliog (Meifod)
Coed y Mwstwr (Pen-y-bont ar Ogwr)
Côr-y-llwyn (Glyn Ceiriog)
Cri'r Cadno (Dinas, Abergwaun)
Cri'r Wylan (Penmaen-mawr)
Llafar y Lli (Ysbyty Ifan)
Llafar y Nant (Glyn Ceiriog)
Llais y Gwynt (Bodedern)
Llais y Môr (Caergybi)
Llais y Môr (Llangrannog)
Llais y Tonnau (Berea, Penfro)
Llaisafon (Betws-yn-Rhos)
Llety Gân (Llanegryn)
Murmur Afon (Pontllyfni)
Murmur Môr (Porthaethwy)
Murmur Teifi (Bangor Teifi)
Murmur Ystwyth (Pont-rhyd-y-groes)
Murmur y Dail (Tyddewi)
Murmur y Morfa (Talsarnau)
Nodyn y Nant (Parc)
Pant Distaw (Rhoshirwaun)
Rhuo'r Gwynt (Moelfre)
Rhyd Adlais (Capel Dewi, Caerfyrddin)
Sain Clychau (Ffordd yr Eglwys, Abermo)
Sibrwd-y-coed (Rhyd-y-foel)

Sibrwd y Môr (Bwlchtocyn)
Sibrwd yr Awel (Dolgellau)
Sibrwd yr eithin (Caergeiliog)
Sisial Dŵr (Cenarth)
Sisial-y-nant (Llangynwyd)
Sisial y Pîn (Ffair-rhos)
Sŵn Hafren (Aberhafesb)
Sŵn y Clychau (Treffynnon)
Sŵn y Deryn (Cricieth)
Sŵn y Dylluan (Pontsenni)
Sŵn y Gloch (Llan-faes)
Sŵn y Plant (Trefynwy)
Sŵn y Rhaeadr (Cenarth)
Sŵn yr Einion (Carno)
Trwst-y-gwynt (Llanfair Pwllgwyngyll)
Wyban Wynt (Dinas, Abergwaun)

Nid o'r ddaear hon

Mae rhai pobl yn byw ar blaned arall. Dyna un esboniad o leiaf am rai enwau tai go hynod:

Cân y Lloer (Llanwnda)
Golau'r Sêr (Cas-lai)
Lloer (Bwcle)
Seren Glaer (Castellnewydd Emlyn)
Seren Newydd (Bancyfelin)
Seren y Bore (Llandysul)
Tŷ'r Lleuad (Llangynog)

Chwaraeon/hamdden

Mae'r elfen 'ymryson' a 'chwarae' i'w ganfod yn aml mewn enwau tai a dyma enghreifftiau eraill sy'n nodi gwahanol chwaraeon traddodiadol:

Blaen Bando (Mynachlog-ddu)
Clwt y Bêl (ger Caer)
Erw'r Ceiliogod (Bryneglwys)
Llaingoetan (Castellnewydd Emlyn)
Llainsylltyn (Cwm-cou)

Talwrn (Llangoed)
Talyrni (Nanmor)

Gerllaw y dyfroedd

Mae tai wedi'u lleoli yn agos at ddŵr oherwydd amryw o resymau – dŵr yfed a golchi, lle cyfleus i groesi nant neu afon, golygfa dda, sŵn difyr. Mae elfennau sy'n cyfeirio at ffynnon, nant, afon a thir ger afon megis 'dôl' neu 'lan', rhyd a phant, glyn a phant i gyd yn amlwg iawn mewn enwau tai. Gall ynys ymhell o'r môr hefyd olygu tir sych mewn cors neu fawnog neu forfa gwlyb:

Aber Gafran (Llithfaen)
Aberbrwynen (Llanfarian)
Abercwmdolau (Capel Bangor)
Aberffrwd (Llanfihangel-y-gofion)
Aberloyw (Llandyrnog)
Abertridwr (Llanwddyn)
Afonig (Aber-arth)
Awel Teifi (Cenarth)
Bont Gam (Llanfair-yn-neubwll)
Brotywi (Llangadog)
Bryngwendraeth (Cydweli)
Cae Dŵr (Amlwch)

Cam-yr-Alun (Llanarmon-yn-Iâl)
Cerrig Camu (Dolgellau)
Ceunant (Clarbeston Road)
Cip o'r Bont (Llangollen)
Creuau (Tan-y-bwlch)
Dau Darddiant (Tre-fin)
Dolagored (Llanfair-ym-Muallt)
Dolaur (Llanelli)
Dolblodau (Capel Bangor)
Dolfadyn (Gwytherin)
Dolgerdd (Talgarreg)
Dorlan (Alltyblaca)
Dorlan Goch (Aberhonddu)
Dyffryn Aur (Pentre Tafarnyfedw)
Dyffryn Croes (Caerfyrddin)
Ffos Gota (Abergorlech)
Ffoshalog (Llanelli)
Ffoshelyg (Bronnant)
Ffrwd y Gwyllt (Dolgellau)
Ffrydiau (Llanfair Caereinion)
Ffynnon Dagrau (Llangynog)
Ffynnon Dawel (Capel Isaac)
Ffynnon Dwym (Tonypandy)
Ffynnon Ddeiliog (Llandeilo)
Ffynnon Gerdd (Ceinewydd)
Ffynnon Lefrith (Felindre, Abertawe)
Ffynnon-oer (Pont-siân)

Ffynnon-y-mab (Bodedern)
Glan Camlas (Ystradgynlais)
Glan Coron (Llangadwaladr)
Glan Trystion (Cynwyd)
Glownant (Tal-sarn)
Glyn Arian (Dolgellau)
Glyn Difyr (Abermeurig)
Glyn Hyfryd (Dinbych)
Glyn Mair (Dre-fach, Llanelli)
Glyn March (Llansawel)
Glyn Mydr (Ciliau Aeron)
Glynhynod (Ffostrasol)
Gwtar Goch (Treffynnon)
Gwyn yr Afon (Crucywel)
I'r Afon (Y Ro-wen)
Llidiart y Dŵr (Tregarth)
Merllyn (Llannerch-y-medd)
Nant y Gleisiad (Machen)
Nant y gochel (Dôl-wen)
Nant y Lladron (Bylchau)
Nant-y-nodyn (Llanelltud)
Nant-yr-haf (Blaenau Dolwyddelan)
Nantllachar (Llanwddyn)
Pant Mwyn (Llanrug)
Pant y Blodau (Rhewl)
Pant-y-clyd (Betws-yn-Rhos)
Pant-y-gwin (Cellan, Llanbedr Pont
  Steffan)
Pant-y-mêl (Carreg-lefn)
Pant-y-menyn (Efail-wen)
Pantgwynfyd (Clunderwen)
Pantsaer (Cwm Cynllwyd)
Pantycyfyng (Bwlch-llan)
Pantypistyll (Trawsfynydd)
Penbompren (Cellan)
Penlan Noeth (Gors-goch)
Pig-y-bont (Glyndyfrdwy)
Pistyll Du (Y Ro-wen)
Pistyll Gwyn (Llangyndeyrn)
Pistyll Llefrith (Llanboidy)
Pistyll y Llan (Tal-y-bont)

Pont Swil (Carrog)
Pont y Gwyddel (Llanfair
  Talhaearn)
Pont-y-meibion (Llangollen)
Pontycrychddwr (Llanllyfni)
Pwll Llwgr (Anelog)
Pwll Melyn (Llaneilian)
Pwll Sachau (Llanfair-yng-
  Nghornwy)
Pwll y Cribau (Moelfre)
Pwll yr Olwyn (Dulas)
Pyllau Crynion (Cwm-ann)
Pyllau Dŵr (Bwlch-llan)
Pyllauduon (Tregaron)
Rafon Bach (Ysbyty Ifan)
Rhewyn Dŵr (Llanbedr Pont
  Steffan)
Rhwngyddwybont (Llandyfrydog)
Rhyd Maen Du (Malltraeth)
Rhyd-y-carw (Trefeglwys)
Rhyd y Defaid (Fron-goch)
Rhyd-y-gwin (Llanfarian)
Rhyd yr Efail (Parc)
Rhydauduon (Bryn'refail)
Rhydlechog (Carmel)
Rhydmaengwyn (Llanfyrnach)
Rhydycochiaid (Aberystwyth)
Rhydyrarian (Llandyrnog)
Sarnisel (Bronwydd)
Tardd y Dŵr (Cilcain)
Tarth y Dŵr (Lloc)
Tŷ ar Afon (Lledrod)
Tyddyn Tegid (Rhyduchaf)
Waun Ffynhonnau (Trimsaran)
Werddon Fach (Llanuwchllyn)
Y Ddwylan (Amlwch)
Ynys Boeth (Llanddoged)
Ynys Galed (Cricieth)
Ynys Hafren (Pont-henri)
Ynys Wen (Ysbyty Ifan)
Ynys-y-frwynen (Glanaman)

Ynys-y-grug (Bow Street)
Ynysgyffylog (Arthog)
Ystum Gwern (Dyffryn Ardudwy)
Ystum Werddon (Llangefni)

Ond os yw dŵr yn bwysig i dai, mae sychder yn bwysig i'r adeilad ei hun yn ogystal. Dyma rai:

Bancsych (Llandarog)
Cnwc Sych (Llanfair Clydogau)
Sychdy (Llandysul)
Twyn Sych (Machen)

Môr

Mae'r môr a'i heli a'i wylanod yn hollbresennol mewn trefi a phentrefi ar hyd yr arfordir ac mae geirfa'r môr a'r traeth yn cynnig amrywiaeth o enwau tlws a chofiadwy:

Aelwyd y Don (Tre-saith)
Agos y Môr (Tyddewi)

Ar fin y môr (Aber-porth)
Ar Lan (Aber-porth)
Arianfor (Llwyngwril)
Awel Môr (Trefor)
Brig y Don (Penfro)
Bryn y Don (Sarnau)
Bryn y Môr (Llangrannog)
Bwthyn y Môr (Llanddona)
Bwthyn y Môr (Llanfachreth)
Caban y Môr (Aberdesach)
Castell y Gwynt (Harlech)
Ceg-y-bar (Llandanwg)
Cei Bach (Ceinewydd)
Clogwyn (Bae Trearddur)
Craig-yr-halen (Porthaethwy)
Creigmor (Harlech)
Dawns y Don (Ceinewydd)
Diliau'r Môr (Tre-saith)
Dros y Môr (Magor, Gwent)
Drws-y-môr (Y Friog)
Ewyn y Don (Sarnau)
Ewyn-y-môr (Cemais)

Ger-y-lli (Ceinewydd)
Glan Morfa (Tywyn)
Glan yr Eigion (Penarth)
Glas-y-don (Llandanwg)
Glas-y-don (Llanengan)
Golau'r Môr (Treffynnon)
Gorwel (Harlech)
Grisiau Môr (Borth-y-gest)
Hafod Heli (Y Borth)
Hafod-y-traeth (Llwyngwril)
Hen Draeth (Penrhyndeudraeth)
Hwyl Wen (Cemais)
Llanw (Caernarfon)
Llestr (Aberdaron)
Llys Heli (Amlwch)
Maesycregin (Llangrannog)
Melyn Draeth (Y Friog)
Mimosa (Nefyn)
Môr a Mynydd (Llaneilian)
Morfa Gwyn (Llangrannog)
Moryn (Bae Trearddur)
Moryn Gwyn (Llanengan)
Pen-y-cei (Aber-soch)
Penhwylbren (Morfa Nefyn)
Porth Ewyn (Harlech)
Porth-y-cwmwd (Llanbedrog)
Rhwng Dwy Borth (Rhoshirwaun)
Seren-y-môr (Caergybi)

Tir a Môr (Y Borth)
Ton-y-wawr (Llanddeusant)
Tonnau Gwynion (Cemais)
Traed Tywod (Cemais)
Traeth Aur (Rhosneigr)
Tre Gwylan (Harlech)
Trecregyn (Aberteifi)
Trecregyn (Trefdraeth)
Trem y Bae (Mynytho)
Tŷ Cwch (Morfa Nefyn)
Tŷ Môr (Penfro)
Tŷ Morio (Pont-y-gwaith)
Tŷ Traeth (Saron, Caernarfon)
Tyddyn y Traeth (Rhosneigr)
Tywyn Hir (Llanfwrog)
Uwch y Don (Abergwaun)
Uwch y Llanw (Llandegfan)
Y Caban (Amlwch)
Y Don (Ceinewydd)
Y Gragen (Aber-soch)
Ynys Heli (Rhos-lan)
Ynys y Môr (Abergele)

Eglwysig

Mae tai a thiroedd sy'n gysylltiedig ag eglwysi, seintiau, mynachlogydd a chapeli yn arddel hynny gan greu nifer o enwau â naws arbennig yn perthyn iddynt:

Bendith (Pontrhydfendigaid)
Bodwrda (Aberdaron)
Borth Esgob (Rhoscolyn)
Bryn Bedyddfan (Penmachno)
Bryn Pader (Llanfor)
Bryn Saith Eglwys (Llanddoged)
Bryn Teilo (Mynyddygarreg)
Brynofferen (Blaenau Ffestiniog)
Cae Clochydd (Llanfair, Harlech)
Cae'r Eglwys (Llandegfan)
Capel Cwta (Braichmelyn)
Capel Helaeth (Ysbyty Ystwyth)
Carreg Sant (Penmynydd)
Castell Nadolig (Tan-y-groes,
    Aberteifi)
Castell y Mynach (Caerdydd)
Clafdy (Aberffro)
Coed y Mynach (Llanilar)
Cwm Mynach (Y Bont-ddu)
Dancapel (Banc-y-ffordd)
Dolyclochydd (Llanfachreth)
Erw Bach Duw (Ponterwyd)
Esgobaeth Brân (Llanbedr-goch)
Fferm Capel (Crwbin)
Fferm Mynachlog (Llaneurgain)
Ffosesgob (Maesymeillion)
Ffynnon Beuno (Tremeirchion)
Ffynnon Brodyr (Clunderwen)
Ffynnon Drindod (Llanilar)
Ffynnon Fendigaid (Rhydlewis)
Ffynnon Grog (Ferwig)
Ffynnon Sant (Felindre, Abertawe)
Gell Fachraeth (Llanfachreth)
Ger y Bedyddfa (Llandudoch)
Gilda Sant (Tyddewi)
Glynrhosyn (Solfach)
Gweddi (Gwernaffield)
Gwern Offeiriad (Llanfachreth)
Hafod yr Abot (Llandegla)
Hen Bersondy (Rhaglan)
Hendre Ffridd y Mynach (Rhyd-y-
    main)

Llain Allor (Llanfaethlu)
Llain y Grog (Ceinewydd)
Llain yr Esgob (Abergwaun)
Llainyreglwys (Llangristiolus)
Llan y sant (Cwmafon)
Llwyngrawys (Llangoedmor)
Llys Mynach (Dolgellau)
Maen Ffeiriad (Eglwyswrw)
Maes y Crynwyr (Llwyngwril)
Maes y Prior (Caerfyrddin)
Maes yr Eglwys (Aberaeron)
Maesgwrda (Sanclêr)
Maesyreglwys Wen (Llanfachreth)
Meini'r Abad (Llandudoch)
Melangell (Llanrug)
Melin Esgob (Llandyfrydog)
Merthyr (Harlech)
Mur Sant (Clynnog Fawr)
Mynachdy Gwyn (Clynnog Fawr)
Mynachdy'r Graig (Blaen-plwyf)
Mynachlog (Ty'n-y-gongl)
Nant-yr-offeiriad (Gwenddwr)
Pantybrodyr (Sanclêr)
Parc y Clochydd (Llanwenog)
Parc-y-ffrier (Llandudoch)
Parc-y-sasiwn (Aber-porth)
Pen Nebo (Y Bont-ddu)
Penallt yr Esgob (Blaencillech)
Pont y Person (Llanfwrog)
Pontyficer (Crymych)
Rhyd y Meudwy (ger Rhuthun)
Rhydpererinion (Trisant)
Tir Abad (Pentrefoelas)
Tir y Capel (Rhosllannerchrugog)
Tre Abot (Trelawnyd)
Tri Sant (Llantrisant)
Tŷ Cloch (Mynyddygarreg)
Tŷ Cristion (Bodedern)
Tŷ Cwrdd Bach (Capel Newydd,
    Boncath)
Tŷ Dewi Sant (Penarth)

Tŷ Ffeiriad (Pen-y-bont ar Ogwr)
Tŷ Gwynion Sant (Penmaen-mawr)
Tŷ Pererin (Llanilltud Fawr)
Tŷ Sant (Croes-goch)
Tŷ'r Angel (Llanilltud Fawr)
Tŷ'r Eglwys (Llangennech)
Tyddyn Frencher (Maenan)
Tyddyn yr Eglwys (Star, Clydau)
Ty'n Porth (Ysbyty Ifan)
Ydlan Ddegwm (Llechryd)
Ynys Meudwy (Aberteifi)
Ynys yr Allor (Rhesolfen)
Yr Hen Festri (Glynarthen)
Ysgubor Ddegwm (Llanddona)
Ysgubor Esgob (Gwalchmai)

Hen Gymru fynyddig

Mewn gwlad mor llechweddog â Chymru, mae'n naturiol fod enwau bryniau, bylchau a mynyddoedd yn amlwg mewn enwau tai. Amlwg hefyd ydi'r holl amrywiaethau tafodieithol sy'n disgrifio gwahanol diroedd uchel mewn gwahanol ardaloedd megis tyle, ton, tarren, cnwc, bonc a banc:

Adwy Deg (Trawsfynydd)
Adwy Wynt (Bodfari)

Allt Fedw (Llanfihangel-y-Creuddyn)
Allt-maen (Talgarreg)
Alltgaredig (Llanpumsaint)
Alltgudd (Cwm-cou)
Alltmai (Llanfarian)
Awel y Bryn (Horeb)
Bancyffynnon (Brynberian)
Bancyreithin (Eglwyswrw)
Boncyn (Pontfadog, Llangollen)
Bryn Amlwg (Nantglyn)
Bryn Difyr (Capel Curig)
Bryn Erin (Llangoed)
Bryn Ffanigl (Dolwen)
Bryn Gobaith (Llandulas)
Bryn Haf (Betws-yn-Rhos)
Bryn Hidil (Mynyddmechell)
Bryn Pedol (Brynaman)
Bryn Serchog (Gellilydan)
Bryn y Wawr (Caernarfon)
Bryngwelltyn (Cwmfelin-boeth)
Bryniau Gwerfyl (Pentrefoelas)
Bryniau Hirion (Llangaffo)
Brynoffa (Bagillt)
Bwlch Cymanfa (Cil-y-cwm)
Bwlch y Maen (Maentwrog)
Bwlchagored (Llangadog)
Bwlchgofyn (Moelfre, Croesoswallt)
Bwlchygolau (Pontrobert)

Carreg Berfedd (Llanfihangel Glyn Myfyr)
Carreg Dafydd (Groesffordd Marli)
Carreg Fisol (Amlwch)
Carreg Landeg (Pentraeth)
Carreg Winllan (Llaneilian)
Carreg y Bedol (Sling)
Carreg y Grug (Rosebush)
Carreg y Pennill (Llanrhaeadr)
Carreg yr Ogof (Brithdir)
Cerrig Moelion (Rhoscolyn)
Cerrig Stympiau (Nebo)
Cesail y Mynydd (Deiniolen)
Clogwyn y Gwin (Rhyd-ddu)
Cnap Llwyd (Glanaman)
Cnwc y Lili (Dinas, Abergwaun)
Cnwcgwyn (Plwmp)
Cnwcyfallen (Llanfairclydogau)
Cnwcygneuen (Llangeitho)
Cnwcyrhedyn (Aber-porth)
Cnycyn (Llanrhyddlad)
Conglymynydd (Dinorwig)
Crib-y-gwynt (Cricieth)
Crugiau (Crymych)
Cyfrwyfa (Crymych)
Darrenfelen (Y Fenni)
Dringo Bryn (Plwmp)
Drws Cae'r Gwenyn (Llanuwchllyn)
Eisteddfa Dlos (Gors-las)
Esgair Fynwent (Bronant)
Esgair Heulog (Eglwys-bach)
Esgairddedwydd (Pont-siân)
Fawnog Rydd (Corwen)
Ffin y Bryn (Llandudno)
Ffridd Arw (Llanddoged)
Foel Cathau (Llangernyw)
Foel Cyffylog (Trofarth)
Foel Fedw (Brynberian)
Foel Gadeiriau (Llangernyw)
Garndeifiog (Treletert)
Garngwcw (Treletert)

Garreg Einioes (Llanelidan)
Garreg Haul (Cilan)
Garth Hebog (Nant-y-rhiw)
Garthewin (Llanfair Talhaearn)
Hafod Dafydd y Mynydd (Llansannan)
Hedd y Mynydd (Gorsedd, Treffynnon)
Llechwedd (Llaneilian)
Llethr (Llangernyw)
Llethr Bach (Pontantwn)
Llethr Garw (Dre-fach, Llanelli)
Llethr Melyn (Aberystwyth)
Llethr Moel (Cynwyl Elfed)
Llwybr y Garth (Froncysyllte)
Nantymynydd (Waunfawr)
Ochr y Bryn (Bagillt)
Oddi ar y Twmpath (Llangollen)
Pencnwc (Tyddewi)
Ponc-yr-aur (Pentraeth)
Ponc-yr-efail (Marian-glas)
Rhiw Gam (Pontsenni)
Rhiwiau (Llansannan)
Tir Uchaf (Llangyndeyrn)
Tirbryniog (Y Drenewydd)
Ton y Gilfach (Glyn-nedd)
Ton-y-moch (Pontllanfraith)
Trip (ger Aberteifi)
Troed Rhiwgeingen (Cwm-du)
Trwyn Tal (Capel-y-ffin)
Twmpath (Maenclochog)
Twyn Neuadd (Aberhonddu)
Tŷ Twmpyn (Caerffili)
Tŷ'r Darren (Felindre, Abertawe)
Tyle Coch Mawr (Felindre, Abertawe)
Tyle Garw (Pontsenni)
Ucheldir (Dre-fach, Llanelli)
Waunwyllt (Creigiau)
Y Cnwc (Tre-fin)
Y Darren (Pontypridd)

Y Ddringfa (Bae Colwyn)
Ysgwydd Gwyn (Bargoed)
Ysgythre (Pontfadog, Llangollen)

Cwm

Cwm Aur (Llanilar)
Cwm Berllan (Capel Bangor)
Cwm Dwfn (Bronwydd)
Cwm Tawel (Bangor Teifi)
Cwmbwa (Penrhyn-coch)
Cwmdirgel (Ceri)
Cwmhawddgar (Peniel,
   Caerfyrddin)
Cwmheulog (Clarach)
Cwmsidan (Llechryd)
Cwmysgyfarnog (ger Caerfyrddin)
Rallt Gwta (Niwbwrch)
Rhiw Felen (Abergeirw)
Rhiwspardun (Dolgellau)

Rhos

Rhos Angharad (Bodedern)
Rhos Helyg (Rhostryfan)
Rhos-y-mawn (Penmachno)
Rhosannedd (Rhostryfan)
Rhostyddyn (Pontarfynach)
Rhosyfedwen (Llanuwchllyn)

Rhosyrolion (Llanfaethlu)

Mae nifer o enwau tai hefyd yn defnyddio enwau copaon unigol neu gadwyn o fynyddoedd:

Adwy'r Eifl (Llangefni)
Berwyn Deg (Llandderfel)
Cilgwyn (Betws-yn-Rhos)
Creigiau Eryri (Talwrn)
Elidir (Llanrwst)
Eryri Wen (Beddgelert)
Esgair Ebrill (Eglwys-bach)
Harddwch y Gader (Dolgellau)
Hiraethog (Nebo)
Lliwedd (Llangernyw)
Moelwyn (Y Bala)
Moelyci (Bangor)
Mwdwl Eithin (Llanfair Talhaearn)
Mynydd Crwn Bach (Rhos-fach,
   Penfro)
Mynydd Tegan (Gwaenysgor)
Penygogarth (Amlwch)
Siabod (Ffestiniog)
Talymignedd (Llangoed)
Trem yr Wyddfa (Harlech)
Tryfan (Llanrwst)

Hwyr a bore

Mae rhai enwau tai yn cyfeirio at wahanol adegau o'r dydd a'r nos. Efallai mai'r esboniad am rai o'r rhain yw mai lleoedd i gadw anifeiliaid dros dro oeddent – er enghraifft, porfa dros nos i borthmyn ar eu taith i'r marchnadoedd.

Cae Cadw (Henllan)
Cae Cwsg (Dinas, Abergwaun)
Cae Nos (Ffostrasol)
Cwm Cwsg (Llanilltud Fawr)
Parc y Bore (Cas-mael)
Tŷ Castell Nos (Tylorstown)

Rhent

Yn nyddiau'r porthmyn, yr arfer oedd codi hyn-a-hyn y pen am letya a phorthi anifeiliaid dros nos. Gall enwau tai sy'n nodi cysylltiad rhwng darnau o arian a thai neu darnau o dir olygu rhent noson. Mae enwau eraill yn cyfeirio at rent y tŷ neu'r tyddyn i'r meistr tir efallai:

Cae-swllt (Garnant)
Ffyrlings (Y Bont-faen)
Pantswllt (Talgarreg)
Pedair a Dimai (Llanfihangel Glyn Myfyr)
Pob Ceiniog (Y Trallwng)
Rhent (Bryncroes)
Tŷ Ceiniog (Crucywel)
Tŷ Rhent (Tudweiliog)
Tyddyn Saith Swllt (Edern)

Ar ôl y mannau dymunol

Wedi teithio'r byd, wedi gweld y rhyfeddodau i gyd, mae ambell un yn dod ag enw o'r ochr draw i'r moroedd i'w roi ar ei gartref mewn cornel fach o Gymru. Mae tŷ o'r enw Siberia yng Nghrymych, un o'r enw Cairo ym Mlaenafon ac mae Dar Es Salaam yn Llandeufad ger Casnewydd. Mewn porthladdoedd ar hyd glannau Cymru ceir enwau fel Iwerddon, Bergen a hyd yn oed Valpariso! Dyma rai eraill â blas y tiroedd pell arnynt:

Caer-grawnt (Cwm-ann)
Camwy (Penrhyndeudraeth)
Cwm Hyfryd (Llanrwst)
Geneva (Mydroilyn)
Llety Lloegr (Tal-y-bont)
Lloegr Fach (Aberaeron)
Llundain Fach (Capel Dewi)
Mwythig (Aberaeron)
Pretoria (Pontrhydfendigaid)
Rio (Rhos-y-bol)
Tasmania (Tregaron)
Tralee (Amlwch)
Tŷ Breiz (Sarnau, Llanymynech)
Tŷ Llundain (Eglwys-bach)
Yr Alban Fach (Pen-y-bont ar Ogwr)

Mae enwau lleoedd ac enwau afonydd o fewn Cymru yn cael eu cario ar draws gwlad yn ogystal – mae sawl Madryn a Neigwl ledled Cymru, yn arddel cysylltiadau â Phen Llŷn a dyma enghreifftiau tebyg:

Brycheiniog (Groeslon)
Cilan (Llanrwst)
Cynfal (Bermo)
Glaslyn (Cei Conna)
Llys Enlli (Llangwyryfon)
Maelor (Abergele)
Maenan (Llanddulas)
Meifod (Betws-yn-Rhos)

Powys (Llanddulas)
Rhandir Mwyn (Abergele)
Tanat (Biwmares)
Uwchaled (Dinbych)

Hen, hen yw murmur llawer man

Mae blas y cynfyd ar sawl enw tŷ – naill ai am ei fod yn Hendy, yn Dyddyn Hen, yn Hen Aelwyd neu Henllys neu Hendre neu Hengwrt neu am iddo fod yn adeilad neu lecyn a ddefnyddid at ddiben gwahanol ryw dro, fel Yr Hen Efail:

Hen Ardd (Llanuwchllyn)
Hen Bopty (Llafair Caereinion)
Hen Dinas (Llanddeiniolen)
Hen Dyrpaig (Llanfair Pwllgwyngyll)
Hen Feudy (Cricieth)
Hen Gapel (Waunfawr)
Hen Gastell (Llanwnda)
Hen Sgubor (Y Bontnewydd, Dolgellau)
Hen Westy (Y Fenni)
Hen Ysgol (Dôl-wen)
Hendy Cerbyd (Aber-carn)
Yr Hen Fasnachdy (Llanofer)
Yr Hen Lythyrdy (Ysbyty Ifan)
Yr Hen Olchfa (Llandderfel)
Yr Hen Stabl (Pentrefoelas)

Hen dafarnau

Mae llawer o hen dai tafarn wedi eu troi yn ôl yn dai annedd dros y blynyddoedd ond er hynny mae llawer ohonynt wedi cadw elfen o'r hen enw sy'n dwyn i gof y gyfeddach fu yno unwaith. Ar y llaw arall, mae'r pendil yn gwyro i'r eithaf arall weithiau a cheir enwau megis Bryn Dirwest (Llithfaen):

Bryn Dafarn (Llandwrog)
Bwthyn Llew Coch (Comins-coch)
Cae'r Bwl (Rhostrehwfa)
Dafarn Dirion (Talwrn)
Dafarn Dwrch (Llandegla)
Dafarn Dyweirch (Rhos-y-bol)
Dafarn Dywyll (Pentre Helygain)
Dafarn Faig (Pant-glas)
Dafarn Goch (Bryn-teg, Môn)
Dafarn Goled (Hendre, Yr Wyddgrug)
Dafarn Gorniog (Llannor)
Dafarn Groes (Gwalchmai)
Dafarn Hir (Llannor)
Dafarn Lefrith (Llanelwy)

55

Glandafarn (Ganllwyd)
Hen Dafarn (Llanaelhaearn)
Pwllcwrw (Llandyfalle)
Rhos Dafarn (Llandysul)
Tafarn Cwch (Caergeiliog)
Tafarn Dwynant (Ceinws,
   Machynlleth)
Tafarn Grisiau (Y Felinheli)
Tafarn Helyg (Gellilydan)
Tafarn Hwyriaid (Rhos-goch)
Tafarn Trip (Tan-y-bwlch)
Tafarn Tudor (Y Groeslon)
Tafarn Tywysog Bach (Niwbwrch)
Tafarn y Botel (Llannerch-y-medd)
Tafarn y Bugail (Llangoedmor,
   Abereifi)
Tafarn y Faelog (Llanddeusant)
Tafarn y Gelyn (Llanferres)
Tafarn y Pric (Corwen)
Tafarn y Pwll (Dolwen)
Tafarn y Rhos (Llangwnnadl)
Tafarndy (Trefaldwyn)
Tafarnscawen (Plwmp)
Tŷ Bragdy (Llangan)

Tros ryddid

Gwlad cestyll a chaerau yw Cymru,
ac mae hynny eto yn cael ei adlewyrchu mewn enwau tai. Bu'n faes i sawl cad – boed y rheiny yn rhai chwedlonol neu'n rhai o gig a gwaed – yn ogystal. Mae ychydig o liw yr ymladd a fu tros gadw'r etifeddiaeth ar dalcen ambell dŷ o hyd – mae Sycharth, Cilmeri a Tryweryn yn gyffredin iawn, a dyma enghreifftiau eraill:

Bodgadfa (Amlwch)
Beili Bedw (Abergorlech)
Beili Cadarn (Llanwnnen)
Beili Glas (Gwauncaegurwen)
Beili Gwyn (Capel Dewi)
Beili Helyg (Aberdâr)
Bryn Beddau (Nant-y-rhiw)
Bryn Dial (ger y Trallwng)
Bryn Rhyfel (Dyffryn Ardudwy)
Brynbwa (Pen-y-bryn, Aberteifi)
Caermeini (Llanuwchllyn)
Carreg-y-Gad (Prion)
Castell Cadw (Felindre, Crymych)
Castell Ffrwyn (Llanofer)
Castell Gorfod (Llangynnin)
Castell Grug (Llanbedrog)
Castell Pridd (Tan-y-groes,
   Aberteifi)
Castell y Delyn (Rhoslefain)

Castell y Dial (Mochdre,
  Y Drenewydd)
Castell y Garthen (Llanybri)
Castellgwgan Mawr (Y Ffôr)
Coed-y-gadfa (Rhewl, Llangollen)
Drws yr Ymlid (Harlech)
Erw'r Saethau (Castell-nedd)
Gallt yr Heddwch (Llanelltud)
Gorsdalfa (Cross Inn)
Llety Dau Filwr (Caerfyrddin)
Lletymilwyr (Llanfair Caereinion)
Llidiart yr Ergyd (Llangadfan)
Maencleddyfau (Bethania,
  Llan-non)
Maes-y-gwaed (Cae'r Bryn,
  Rhydaman)
Maes-y-milwr (Sanclêr)
Marchogion (Bangor)
Marchoglwyn Fach (Llanfynydd)
Moel Lladdfa (Cynwyd)
Nant y Frwydr (Cwm Prysor)
Nant y Milwr (Craig-cefn-parc)
Nant Heddwch (Garndolbenmaen)
Pantybeddau (Bethania, Llan-non)
Parc y Marchog (Capel Dewi,
  Caerfyrddin)
Pen-y-gochel (Llanfair Caereinion)
Rhos y Gad (Pentraeth)
Rhyd y Marchogion (Llanelidan)
Tyddyn Sowldiwr (Llangefni)
Waen Gadfa (Prion)

Hen hanes a hen chwedlau

Mae'n anodd i neb wybod pryd mae
hen hanes yn troi'n chwedloniaeth
ond mae'r wlad yma'n llawn o
enwau sy'n perthyn i hanes ac sy'n
perthyn i fytholeg a llên gwerin.
Pryd mae dyn yn troi'n arwr ac arwr
yn troi'n gawr? Does wybod, ond
eto mae rhyw hen wybod yn rhai o'r

enwau tai sydd o'n cwmpas. Dyma
ichi flas o rai o'n straeon, boed yn
hanes neu'n chwedlau:

Afallon (Betws-yn-Rhos)
Allt Cunedda (Cydweli)
Arch (Henfynyw)
Argoed (Abergele)
Bedd Gwenan (Llandwrog)
Bedo Fawr (Llanfachreth)
Bodesi (Nant y Benglog)
Branwen (Harlech)
Bryn Corrach (Ty'n-y-gongl)
Bryn Cyfergyd (Cwm Cynfal)
Bryn Goelcerth (Llanfair-yng-
  Nghornwy)
Bryn Offa (Treffynnon)
Bryn Saeth (Cwm Cynfal)
Brynarianrhod (Carmel)
Brythonfa (Pandy Tudur)
Cae Cawr (Y Ffôr)
Cae Rhingylliaid (Cwm Prysor)
Cae'r Arglwyddes (Bow Street)
Cae'r Brenin (Llangaffo)
Caeau Gwynedd (Llanfyllin)
Caetrysor (Pentre-beirdd)
Cantre'r Gwaelod (Aberaeron)
Cantref (Llanddewi Rhydderch)
Caradog (Llan-non)
Carreg Arthur (Castell Caereinion)
Castellmarch (Aber-soch)
Cefn Ydfa (Y Borth)
Ceiri (Llithfaen)
Celyddon (Bangor)
Clawdd Coch (Llanymynech)
Cromlech (Llanfairfechan)
Cromlechdy (Nant Peris)
Cwm Llywelyn (Cilmeri)
Cwmwd (Bryn Mawr, Pwllheli)
Derfel Cadarn (Llandderfel)
Dôl Gwydion (Nantlle)
Dolbebin (Gellilydan)

Dolforwyn (Aber-miwl)
Dwynwen (Niwbwrch)
Eisteddfa Arthur (Brynberian)
Fferm Gwenllian (Mynyddygarreg)
Gelert (Aber-porth)
Glyn Arthur (Llandyrnog)
Gwernyfed (Penrhosgarnedd)
Hergest (Rhulen)
Llain y Tylwyth Teg (Dinas,
   Pwllheli)
Llannerch-cawr (Dyffryn Claerwen)
Llech Ronwy (Cwm Cynfal)
Llinon (Y Bala)
Llys Gododdin (Dre-fach, Llanelli)
Llys Llywelyn (Aberffro)
Llys Owain (Harlech)
Llys y Ddraig (Llandybïe)
Mabinogion (Abertawe)
Maen Dylan (Aberdesach)
Maen Hir (Trefor, Caergybi)
Maes Camlan (Babell, Treffynnon)
Maes-y-Garnedd (Capel Garmon)
Marchogdir (Aberhonddu)
Mathrafal (Meifod)
Mercia (Aberhonddu)
Nudd Gwyn (Llanuwchllyn)
Owain Glyndŵr (Llandeilo)
Parc Caradog (ger Y Trallwng)
Pen Arthur (Tyddewi)
Pen Llywelyn (Sarn, Y Drenewydd)
Perllan Llywelyn (Bodedern)
Taliesin (Porthaethwy)
Tir Beca (Castellnewydd Emlyn)
Tir-na-nOg (Abergele)
Tirbwci (Nant-y-caws)
Tregwiddan (Mynachlog-ddu)
Trwst Llywelyn (Garthmyl, ger
   Trefaldwyn)
Twll-y-bwbach (Dolgellau)
Tŵr Llywelyn (Conwy)
Tŷ Llywelyn (Trefriw)

Tyddyn Barwn (Llandderfel)
Tyddyn Fari (Tre-lech)
Tylwyth Teg (Cwmbelan,
   Llanidloes)
Waen Tywysog (Henllan)
Ysbryd y Graig (Clanwnda, Gwdig)

Gwlad beirdd

Mae llawer o enwau sydd â chysylltiadau llenyddol yn cael eu benthyca fel enwau ar dai go iawn – go brin bod yr un mor boblogaidd â Lleifior o nofelau Islwyn Ffowc Elis. Mae Llaregyb yng Nghaerfyrddin, Y Pentan yn yr Wyddgrug ac mae Cwm Eithin yn weddol amlwg o un pen i'r wlad i'r llall. Mae sawl Dalar Deg i'w weld hefyd ac mae'n ddi-os bod ambell un wedi'i enwi ar ôl drama Wil Sam. Am y gweddill, enwau beirdd, enwau cerddi neu ddyfyniadau o gerddi sy'n denu'r dychymyg. Yn Bow Street mae tŷ o'r enw Efail Fud sy'n dwyn i gof cwpled clo bythgofiadwy yr englyn hwnnw gan Dîm Ymryson Ceredigion:

A wêl fwth ac efail fud
A wêl fedd hen gelfyddyd.

Dyma eraill:

Aelwyd y Gân (Felin-gwm)
Brig y Morwydd (Crymych)
Bryn Derwydd (Penmaen-mawr)
Bwa Bach (Capel Dewi)
Cae Dafydd (Nanmor)
Castell Prydydd (Llanelen, Gwent)
Cwm Pennant (Ponciau)
Delyn Aur (Tre-saith)
Efo'r Grug (Cwm-cou)
Fferm Trebeirdd (Pontblyddyn)

Fflur y Main (Y Ffôr)
Gwenith Gwyn (Y Bont-faen)
Hedd Wyn (Ponciau)
Llofft-y-bardd (Abergwesyn)
Monsatîr (Coed-poeth)
Plas Bardd (Llandudno)
Shalom (Penmaen-mawr)
Y Lôn Goed (Caerdydd)

Pwll Llaca (Y Gelli Aur)
Shetingam (Rhaeadr Gwy)
Shidenyn (Trawsmawr)
Talcan Dail (Ty'nlôn)
Ty'n-y-shetin (Y Drenewydd)
Ty'n-yr-wtra (Carno)
Tŷ'r Shime (Cwmduad)
Wtra-wen (Caersŵs)
Y Cwtsh (Hwlffordd)
Yr Haciau (Penisa'r-waun)
Yr Hen Biled (Dyffryn Ardudwy)

Tafodiaith

Does dim harddach na thŷ wedi'i godi o'r garreg leol a does dim tlysach na thŷ sydd â'i enw'n llefaru'r dafodiaith leol. Dyma flas ar ambell un:

Banshi Bach (Mynydd Caergybi)
Cae Ffwrn (Llandybïe)
Cardis (Caerfyrddin)
Castell y Glonc (Brynberian)
Chwipin (Llangaffo)
Cilrhiwe (Meidrim)
Closhen (Rhos-fach, Penfro)
Cnwce (Llanddowror)
Cwarre Cochion (Llanddarog)
Cwmfflowrog (Aber-nant)
Ergyd Garreg (Boncath)
Feidr-fawr (Cilgerran)
Feidr-las (Aberteifi)
Fflicws (Llanddona)
Gât Wen (Peniel, Caerfyrddin)
Iet-wen (Boncath)
Iet-y-Gors (Abergwaun)
Iet yr Eithin (Gwdig)
Llys Wiwar (Llanfair Talhaearn)
Maes yr Hufan (Dwyran)
Ngong (Niwbwrch)
Parcydrysi (Cwm-ffrwd)
Patchin Glas (Maenclochog)
Pen-feidr (Aberteifi)
Penshietyn (Llanbedr Pont Steffan)
Plesyn (Bodffari)

Penillion enwau

Does dim sy'n cyfleu yr hyfrydwch a'r apêl sy'n perthyn i enwau tai na'r penillion hynny sy'n rhestru enwau anheddau gwahanol ardaloedd. Dim ond hynny. Eto mae miwsig yn y mydrau hyn ac mae 'na werth iddynt hefyd, yn arbennig o gofio bod rhai o'r enwau yn enwau ar adfeilion bellach.

Cyhoeddwyd y rhestr gyntaf gan y papur bro *Plu'r Gweunydd* flynyddoedd yn ôl ac fe'u hail-argraffwyd yn *Y Faner* ar ôl hynny. Mary Wilding oedd wedi eu cofnodi a rhestr o dai Pontrobert a'r cylch ydyw. Roeddent yn cael eu canu yn yr ysgol yno yn y chwedegau mae'n debyg, ond mae enw'r awdur wedi'i golli.

Rhosymenyn, Bwlch, Mathrafal
Brynyfedwen a Thŷ Gwyn
Pantyddafad a Maesneuadd
Sgubor Rhos, Wern Bont, Glan Llyn
Pant-y-Comins a Hendafarn
Erw, Ceunant a Groes-ddu
Berllandeg, Garth Fawr, Dolobran
Pen-y-bryn a Phen-cae-du.

Rhosyglascoed, Rhospenbwa
Pentre, Foel a Graig Wen Fach
Maesygribin, Llety Deryn
Tyddyn Briton a Garth Fach.
Halfen, Teglys a Dolfeiniog
Cyfie, Neuadd a Thir Du
Pantyffactri a Bronfawnog
Tynewydd, Fferm a Tanffridd.

Broncynhinfa a Thy'n Celyn
Glanyrafon a Garth Lwyd
Pen-y-coed a Phenyboncyn
Llety Meirch a Llety Llwyd

Castell Terfyn a Phenwtra
Haulyfan a Thyn-y-rhyd
Pentre Canol, Pentre Ucha
Dyna hwy yr enwau i gyd.

Ffrwyth cystadleuaeth yn y Band o' Hôp yn Nolwyddelan yn 1931 ydi'r nesaf – casgliad o enwau ffermydd yr ardal ydi hi. Dewi o'r Bryn oedd yr awdur – David Jones, Ty'n Bryn – ac mae'n ddiddorol sylwi ar ambell sylw a wna'r rhigymwr. Mae ambell le yn 'hardd fwyn' neu'n 'llon' ond mae lleoedd eraill yn 'oerllyd a llwm' a hyd yn oed yn 'lle oera'n y byd i gyd'!

Rhof Coetmor yn gyntaf
Ym mhen ucha'r plwy'.
Fynhadog a'r Garnedd
A'r Ffridd gyda hwy.
Penrhiw enwaf hefyd
A'r Hendre Lain Gron
A fferm fawr Gorddinan
Sy'n cyffwrdd â hon.

Rhaid enwi yr Aber
Yn ymyl y dŵr
A hefyd rhaid cofio
Am Llwydfan bid siŵr.
A Hafod Gwen Llian
Betheos hardd fwyn,
Bryn Tirion, Bod Unig,
Bronfedw a'r Llwyn.

Rhaid enwi Tancastell
Mor fwyned ei gwedd,
Bodegroes, Bod Eifion
Ar ochr Bryn Bedd
Glangors hefyd enwaf
Lle oerllyd a llwm,
Tan Bwlch gyda Gwyndy,
A hefyd Ty'n Cwm.

Aelybryn, Aberbeinw,
A Fron Dirion lon,
Bron Llan a Glasynys
Pcngclli a'r Fron.
Bwlch Cynnud raid enwi,
Tŷ Isaf a Ty'n Bryn,
Bryn Mwllach, a'r Hendre,
Bryn Moel, a Cae Gwyn.

Fron Goch a Ty'n Fallen,
Y Ddôl a'r Pant Clyd (Gelli Pant)
Bwlch Bach a Tanaeldroch
Lle oera'n y byd.
Rhiw Goch a Cae Du,
A Talargerwin ar fryn,
Pwll Garth a Tan Clogwyn
A'r isaf yw'r Glyn.

Daeth y penillion hyfryd hyn i law
drwy garedigrwydd Twm Elias.
Roedd yr awdur – Rol Williams,
awdur nifer o ganeuon Hogia'r
Wyddfa – yn gweithio yn Nyffryn
Conwy yn 1951 gyda'r Weinydd-
iaeth Amaeth ac yn delio'n gyson
gyda'r ffermydd lleol.

Ceir yno Fryncynhadledd,
Bryn Dowsi a Bryn Glas,
Bryn Seiri, a Bryn Siriol
Bryn Glorian a Bryn Bras.
Bryn Fawnog, a Bryn Ddraenen
Bryn Egan hefyd sydd
Bryn Tudur, Bryn Gyfeilia'
Bryn Eidal a Bryn Gwydd.

Ceir hefyd Cae Defeidy,
Cae Gwegi a Chae Gwyn,
Cwmlanech a Chem Dreiniog
Cwm Celyn ar y bryn.
Gwell gadael erwau'r cymoedd –
A dyma'r rheswm pam –
Cawn fynd i rodio'r dolydd –
Dolmarchog a Dôl Gam.

Os blino ar y dolydd
Mae Dyffryn Mymbyr draw,
Dylasau a Diosgydd
A Dugocd macs o law
Eirianws, Erw Clochydd
Glan Llugwy 'nghopa'r Nant,
Gorddinan a Gwernfelin
Gwern Gof a Gelli Bant.

Ond wedi teithio oriau
Ymysg y lleoedd hyn,
Beth am gael egwyl fechan
Cyn mynd i Dal y Llyn?
Ac yna Llannerch Elsi,
A Llugallt Glasgwm gawn,
Cyrhaeddwn Lechwedd Hafod
Yn gynnar y prynhawn.

Ac yna fe gawn weled
Penrhiw a Phantymaen,
Penrhos a Phant y Carw
Cyn i ni fynd ymlaen;
Penbedw, Pengwern Gwydyr
Plas Glasgwm a Phenybryn,
Plas Fadog, Pant yr Hyrddod
A Phennant gyda hyn.

Tu hwnt i'r Gors a'r Siglan
Ty'n Rhewl a Tanael Droch,
Tanrhiw neu Dyddyn Deicws
Tan Berllan a Thy Coch.
Os hoffech gael yr heulwen
Fe awn i Faes yr Haf,
Ar flodau gwyllt y Dolydd
Fe wena'r haul mor braf.

Ar ddiwedd taith rhaid cofio
Am Fwlch y Gwynt a'r Glyn,
Bodesi, Nant y Crogwyn,
Afallon a Thŷ Gwyn;
Tu Hwnt i'r Fawnog hefyd,
Bwlch Cynud, Pentre Du,
Craig Forys, Hendre Laingron,
Llawrynys, Nant y Tŷ.

A beth am Drwyn yr Wylfa,
A Nant y Wrach cyn gwawr,
Ac Ysgwyfrith a'r Penrhyn
Y Rhos a'r Eidda Fawr;
Ac yna Foel Machyrian,
Bertheos a Bryn Rhydd,
– Mae nghoesau'n drwm gan flinder
'R ôl teithio drwy y dydd.

Daeth y ddau rigwm canlynol i'm
sylw drwy law Dwynwen Morus,
Trefor.

Casgliad o enwau ffermydd ardal
Trefor sydd ynddynt – y ffermydd
a'r tyddynnod oedd yno cyn agor y
gwaith a chodi'r pentref:

Gwydir Bach a Gwydir Mawr,
Llwyn'raethen a Chefn Berdda,
Gapas Lwyd, Nant Bac a Chwm,
Tir Du, Llwy' Pric, Cae Cropa.
'Sgubor Wen a Than-y-bwlch,
Pen Lôn, Cae'r Foty, Morfa.

Lleiniau Hirion, Parsal, Graig,
Uwchoty, Tanycreigiau,
Tyddyn Coch a Nantycwm,
Dau Derfyn a Brynhudfa,
'Lernion, Maesneuadd a Thyngors,
Tai N'wyddion, Bwlcyn, 'Rhendra.

R. Lloyd Jones

Cyfansoddodd T.H.Williams (Tom
y Garreg Fawr) benillion ar enwau
ffermydd a thyddynnod Waunfawr
a'r cylch:

Ffermydd Waunfawr a'r fro

Garreg Fawr a Threflan Ucha,
Treflan Isa mor ddi-stŵr,
Ty'n y Wern a Thy'n Ronen
A Thy'n Ceunant ger y dŵr;

Yr Ynysoedd a Thai Isaf
A Ffridd Felen eto'n llon,
Gwastadfaes a Phant y Celyn
A'r Rallt Goch ynghyd â'r Fron.

Cawn Ty'n Gadlas a Thŷ Pella
A Chae Cald a Thanbryn.
Grasbil, Bendas, Hafod Olau
A Bryn Tirion wedi hyn;
Dinas a Blaen Ffridd, Cae Trefor
Groeslon Isaf a Chae Mawr,
Penybryn, Tŷ Coch, Gorffwysfa
Prior a Graig Lwyd ddaw'n awr.

Ty'n Cae Newydd, hefyd Gadda
Weirlodd Dywyll 'n olau iawn,
A Glan Gwyrfai, tyddyn bychan
Cyrnant Lodge a'r erwau'n llawn;
Cefn y Waun a thoc Bryn Melyn,
Y mae llawer mwy na hyn,
Cip bach sydyn ar Lwyn Celyn
Penffordd Bangor a Thŷ Gwyn.

Daw Bryn Golau a Maes Gwynedd
Cyn Cae'r Waun, Hen Dŷ, Pant Gwyn,
A Bryn Gwylan a Phant Afo
Collfryn, Rala wedi hyn;
Croes y Waun, Cae Gwyn, Pant Cerrig
A Thy'n Twll i weld y praidd,
Ty'n y Cae, Bryn Gwyn, Rhwng Ddwyryd,
Heb fod 'mhell mae Pant Cae Haidd.

Daw Bryn Argoed a Bryn Beddau.
Dyffryn hefyd ro'f i lawr,
Yn y man daw Cae Mab Ynyr
Yna 'mlaen i'r Weirglodd Fawr;
Gwell yw enwi'r Parc wrth basio
A daw Cross wrth fynd ymlaen,
A'r Fach Goch tu cefn i'r capel
Ger yr afon . . . Tan y Waun.

Tir Fron Goediog a Bod Hyfryd
A Bryn Celyn 'nghyd â'r Plas,
Ceir Glyn Afon ar y gwaelod
Llys Meredydd a Chae Glas;
Tros yr afon gwelir Cyrnant
A'r Rallt Isa' ar y gair,
A Bryn Gwyrfai, Regal hefyd,
A Bryn Siriol a Bryn Mair.

Ty'n y Mynydd a Thŷ Newydd
A Phenrallt mewn awel iach,
Gwredog Uchaf, Gwredog Isaf
Toc Tanrallt a Gwredog Bach;
Awn yn ôl ac i Gilfechydd
Yna'r Parc ddaw gyda hyn,
Tir Llwyn Bedw a Chae Sgubor,
Pentre Bach a Phentre Gwyn.

Cip ar Danyffordd a'r Tynys
Hafod Wern a thir Tŷ Coch,
Tyddyn Bach, y Trysgol, Clogwyn
Betws Inn gerllaw Bryn Gloch;
Ystrad Isaf, Ystrad Uchaf
A Chae Hywel tros y dŵr,
Minffordd hefyd ger y drofa
A Bryn Afon gawn yn siŵr.

Mi af gam ymhellach eto
At Ben Gae dof gyda hyn,
A Chwm Bychan a'r Plas Isaf,
A Thy'n Weirglodd, yna'r llyn;
Ond rwy'n tewi yn fan yma
Rwyf yn teimlo 'mod i'n hy',
Hwyrach os bydd cyfle eto
Af ymhellach i'r Rhyd Ddu.

Mae'r gân hon o waith Tryfannog
hefyd yn llawn o swyn enwau tai
a ffermydd ardal Rhostryfan,
Caernarfon:

Cawn yn Rhostryfan ffermydd cu
Y Wernlasddu a'r 'Foty,
Trwy ganol rhain fel ede gain
Y *line* sydd yn dolennu,
Bodaden fawr a Thyddynberth
Yn ffermydd gwerth eu meddu
Ar Gadlys hithau yn ei bri
Lle gwelwyd llu'n gwersyllu.

Mae llawer lle fu'n hardd ei wedd
Yn gorwedd ger ein llwybrau
A natur beunydd heb brinhau
Rydd flodau ar eu beddau;
Y Felin Frag, a'r muriau sydd
Ers llawer dydd yn foelion
A'r Garreg Fach a'r Garreg Fawr
Yn gwarchod eu gweddillion.

A'r Muriau yntau yn ei fedd
Mewn tawel hedd yn huno
Tra'r Ysgol Sul o fewn y fro
Anghofir byth mohono
Pendalar welaf acw'n wael
Ar ael y bryn yn llechu
Caerodyn Bach yn foel ei ben
Pengaerwen dan y Gaerddu.

Yr Hen Dŷ Newydd dacw fe
Yn nes i'r de ei hunan,
A'i furiau llwm a'i aelwyd oer
Yn gartref i'r ddalluan.
Mae yma'n awr aneddau glân
Yn llawn o gân a moliant
A magwyd ynddynt lawer sant,
A'u tant sydd mewn gogoniant.

Fe anwyd yma gewri lu
Fan yma bu Glasynys
Gwir awdur cân, anfarwol fydd
Ei furmur sydd yn felys:
Ac Alon ieuanc fawr ei barch
Ga'dd fedd mewn oedran tyner
Fe ddrylliwyd tannau'i delyn lân
A'i gân sydd ar ei hanner.

Darllenfa rydd fan yma gawn
Yn llawn o rawn llenyddiaeth,
Mae hon yn wir 'run fath â gardd
Yn hardd o bob amrywiaeth:
Gwnaf enwi rhai anheddau'r fro
Ni fedraf gofio'r cyfan:
Gwaith anodd iawn yn siŵr o fod
Yw trafod yn Rhostryfan.

Caf Danycoed a Dolau Gwyn
A Than-y-Bryn a'r Terfyn
A Phantygolau a Thy'nyffrwd
Lle nyddwyd cân ac englyn
Llys Menai beunydd fel pe bae
A Blaen-y-Cae'n ymgomio
A Rhwngyddwyryd a Thy'n-lôn
Yn ffyddlon yn eu gwylio.

Lle tlws yn wir yw Ty'n y clwt
A thwt yw Tan y Celyn
A'r lle hapusaf yn y fro
Yw cartre'r go', Bryn Melyn
I lawr y lôn y mae Bryn Coch
Ar gwr ei foch mae'r Wernas
A Dolwar Fach a Choed y Brain
Mae rhain yn llawr o urddas.

Cae Cipris inni sydd yn hardd
Anghofia'r bardd mo hwnnw
Fe dafla'r coed eu breichiau moel
Yn wastad am ei wddw
Ac Isfryn hefyd ar ei ffin
A Thyddyn Heilin enwog,
Ac yna gyda chalon lân
Terfynna cân TRYFANNOG.

Clywyd y rhigwm hwn yn Aberdaron:

Wel dowch i Ben Bryn Hendra
I weled Plas Bodwrdda,
Dacw fo a'i bum corn arno
Y Felin a'r Pandy sy'n agos iddo,
Penycaerau fras, Cadlan fras a'r Bryn,
Penrhyn Mawr a'r Morfa Mawr,
A Thŷ Dafydd lwm.

Dyma rigwm o ardal Llanfyllin a Llanfechain yn nwyrain Maldwyn sy'n cynnwys dipyn o enwau ffermdai'r ardal:

Llansa'ffraid a Phont y Pentre,
Pentre Cielwydd, Gwern y Cilie,
Godor, Fferm ac Ystum Colwyn –
Mynd i'r Main i garu'r forwyn.

Ond i gloi, dyma gyfres o englynion sy'n cyflwyno enwau ffermydd Llŷn ar gynghanedd gyflawn gan W.J. Williams, Efailnewydd. Fe'u cyhoeddwyd yn *Y Brython*, Medi 9, 1926 ac mae clust fain yr awdur i glywed y glec yn rhywbeth i ryfeddu ati. Er hynny, y rhyfeddod mwyaf oll yw'r miwsig yn yr enwau eu hunain:

Y Ciliau a Bryncelyn, – Y Cwmwd,
  Y Cim a Dolpenrhyn,
Tyddyngwêr a'r Tyddyngwyn,
Rhydau a Phant y Rhedyn.

Bodegroes a Brynunog – Y Mela,
  Brynmoelyn a Cherniog,
Bronygaer a Brynygôg,
Gwernallt a'r Dafarngorniog.

Caerferch, Y Llannerch, Glanllynau, – Tŷ Hen,
  Bryntani a'r Caerau,
Ty'nllan, Glanmarian, Muriau,
Tyddyn-y-coed, Tyddyn-cau.

Pensarn, Y Dafarn, Bryndwyfor, – Tyddyn,
  Llety Adda, Prior,
Tyddyn Llwyn, Tyddyn Llannor,
Pont y Cribin, Tyddyn-tor.

Tanyfoel, Brynmoel, Brynmair, – Tanyrallt,
  Ty'nrynn a Chefnllanfair,
Bryngwydion, Bronygadair,
Pont y Go a Punt y Gwair.

Cefnen a Pant y Wennol – Cae'rMur,
  Cae'r Meirch a Brynodol,
Tŷdu, Yr Allt Ddu a'r Ddôl,
Gwnus a Neigwl Ganol.

Y Lleuar a'r Gelliwig – Ty'nypant,
  Ty'nypwll, Tynsingrig,
Bronmarian a Brynmeurig,
Y Droellan, Berllan a'r Big.